Stundenblätter
Aufsatz 7./8. Schuljahr

Günther Busse

Stundenblätter
Aufsatz 7./8. Schuljahr

17 Seiten Beilage

Ernst Klett Stuttgart

Die Stundenblätter für das Fach Deutsch werden herausgegeben von:
Wolfgang Salzmann

CIP-Kurztitelaufnahme der Deutschen Bibliothek

Busse, Günther:
Stundenblätter Aufsatz: 7./8. Schuljahr / Günther Busse. –
5. Aufl. – Stuttgart: Klett, 1983.
(Stundenblätter für das Fach Deutsch)
ISBN 3-12-920561-6

ISBN 3-12-920561-6

5. Auflage 1983

Satz: G. Müller, Heilbronn
Druck: Wilhelm Röck, Weinsberg
Einbandgestaltung: Zembsch' Werkstatt, München

Inhalt

Einleitung

Zur Intention des Bandes

Im folgenden wird nicht eine einzelne Unterrichtseinheit angeboten, sondern das Prinzip Schreiben, das alle Arbeitsbereiche des Deutschunterrichtes durchdringt, in wesentlichen Hinsichten dargestellt. Dies bedeutet nicht, daß die im Zusammenhang mit diesem Prinzip vorgestellten Textstrukturen und Textsorten zu Hauptzielen des Unterrichtes gemacht werden sollen; um sich mit ihnen zurechtzufinden, bedarf es nicht ausgedehnter und ad hoc konstruierter Unterrichtseinheiten. Vielmehr sollen alle im folgenden besprochenen Textstrukturen und Textsorten als vielfältig dienstbare Vehikel – Unterrichtsmittel – in thematischen Unterrichtseinheiten fungieren. Sie sollen helfen, Unterrichtszusammenhänge zu entwickeln, in welchen eine Art ‚Regelkreis' entsteht, dergestalt, daß Textstrukturen, Arbeitsformen, Textsorten und Themen füreinander wechselseitig Mittel und Zweck werden.
So gesehen wird, um ein Beispiel zu geben, die Inhaltsangabe einerseits Ziel, sie dient dem Bedürfnis nach Kürze und Entlastung, andererseits Mittel, sie hilft, den Grund-Folge-Zusammenhang eines Textes oder eines Textteiles herauszuarbeiten, welcher für die Interpretation des Textes wichtig sein kann. Textstrukturen und Textsorten sind mithin nicht Selbstzweck, dazu könnte ein junger Lehrer durch den Aufbau mancher Sprachbücher verführt werden, sie sind vielmehr nach der gelungenen Einführung Unterrichtsmittel und – darüber hinaus – Mittel der aktiven und produktiven Welterfassung, welche ein Schüler zu leisten hat, wenn er seine Position in der Gesellschaft erkennen und seine Aufgabe in ihr verstehen will.
Die einzelnen Arbeitsformen, Textstrukturen und Textsorten werden erst einführend vorgestellt und dann ihre möglichen unterrichtlichen Funktionen exemplarisch dargestellt.
Auf einige Punkte, welche das Erwerben solcher Fertigkeiten für den Schüler wertvoll machen, sei noch kurz hingewiesen. In sprachlichen Äußerungen wird er, im Gegensatz zum wortlosen Tun und Handeln, auf die Ursachen und Ziele dieses Tuns aufmerksam und wird dadurch bewußter, umsichtiger und einsichtiger handeln lernen.
In der schriftlichen Äußerung zudem bleibt das Geäußerte aufbewahrt, es kann – als Äußerung – inhaltlich und formal untersucht und überprüft werden.
In der Darstellung gehen wir von der das Text-Original möglichst getreu präsentierenden Wiedergabe zu immer freieren Formen des Schreibens fort und versuchen dabei, den Sinn des Fortganges von Unterricht überhaupt zu realisieren: dem Schüler zu helfen, sein schöpferisches Vermögen zu entfalten. Darum beanspruchen alle Unterrichtsansätze, die wir skizzieren, zu ihrer Ausführung die Phantasie; ferner versuchen wir, dem Schüler zu helfen, diese schöpferische Kraft in den Dienst seiner Freiheit zu stellen, damit er diese auch bewältige.

Hinweise zum Gebrauch

Es kann in einem Band mit dieser Themenstellung selbstverständlich nicht darum gehen, zu den jeweils vorgestellten Textstrukturen und Textsorten fertige Unterrichtseinheiten zu konstruieren. Das würde bedeuten, daß die vorgestellten Textsorten starr und schematisch nacheinander gelernt und eingeübt werden. Eine Aufsatzerziehung in dieser Form würde allen Prinzipien des modernen Deutschunterrichtes widersprechen. Bei den komplexen Textformen, die immer wieder der Übung und der Korrektur bedürfen, wäre eine solche Vorgehensweise auch gar nicht möglich. Inhaltsangabe oder Bericht lassen sich nicht im Verlauf von drei oder vier Unterrichtsstunden ‚erlernen'.

Die Intention des vorliegenden Bandes ist es, einen Überblick über die Vielzahl von Textsorten zu geben, und vor allen Dingen dem Lehrer konkrete Hinweise zu geben, wie sich der Arbeitsbereich Sprechen und Schreiben (von dem die Aufsatzerziehung einen wesentlichen Teil ausmacht) in die beiden anderen Bereiche des Deutschunterrichts, Umgang mit Texten und Reflexion über Sprache, integrieren läßt.

Wir geben im Text Beispiele für Unterrichtseinheiten. Dabei wird aber nicht detailliert die zeitliche Abfolge der Unterrichtsschritte angesprochen, die mit der Einführung einer neuen Textsorte verbunden sind. Da die Präsentation einer neuen Textsorte wohl immer auf ähnliche Art und Weise abläuft, beschränken wir uns darauf, an dieser Stelle kurz den idealtypischen Verlauf einer solchen Einführung zu skizzieren. Sie gliedert sich in

- die *Einführungsphase*, in der die Textstruktur oder Textsorte als solche vorgestellt wird. Die Textstruktur oder Textsorte wird dann eingeführt, wenn sie sich aus dem Unterrichtszusammenhang für die Bewältigung eines nächsten Schrittes als erforderlich erweist. Der Schüler muß an einem gelungenen Beispiel die Einsicht gewinnen, daß diese Textstruktur oder Textsorte hilfreich ist bei der Bewältigung seiner Lese- und Schreibaufgaben und daß er durch sie Fertigkeiten erwirbt, welche ihm weiterhelfen, ihm dienlich und nützlich sind,
- die *Übungsphase*, in der die notwendigen Fertigkeiten erworben werden sollen. Man sollte z. B. Inhaltsangaben im Unterricht anfertigen lassen und nicht nur den Hausaufgaben vorbehalten. Nur im Unterricht kann der Schüler Fragen stellen und Mißverständnisse sofort klären,
- die *Kontroll- und Korrekturphase*, in der die Schülerarbeiten ohne Benotung und Bewertung beurteilt und aufgetretene Mängel gezielt behoben werden sollen,
- die *Gebrauchsphase*. Hat der Schüler die Textstruktur und Textsorte beherrschen gelernt, so soll er sie anwenden und gebrauchen, er soll selber erkennen, wofür es gut war, sich mit ihr zu befassen, und was sie ihm lebenspraktisch gebracht hat.

Bei der Konzeption der Unterrichtseinheiten dieses Buches haben wir uns darum bemüht, von der lebenspraktischen Dimension des Lernens auszugehen. Damit ist jedoch nicht gemeint, daß der Schüler lediglich unmittelbar nutzenbringende Operationen erlernen solle. Der Ausdruck „Praxis" ist zu verstehen als ein unmittelbar theoretisches Tun, ein Tun, das nicht erst durch eine Darstellung seiner theoretischen Dimension vermittelt werden muß. In diesem Sinn sind auch die intellektuellen Tätigkeiten nicht ohne praktischen Bezug. Wichtig ist in diesem Zusammenhang, daß Themen gefunden werden, die für den Schüler von unmittelbarem Belang sind, die seine Lebenswirklichkeit berühren.

Hinweise zu den Stundenblättern

Die hinten eingelegten Stundenblätter dienen der raschen Orientierung des Lehrers. Sie bieten keine detaillierte Stundenverlaufsplanung, sondern informative Übersichten über die im Textteil vorgestellten Textstrukturen und Textsorten. Bis auf zwei Ausnahmen findet sich zu allen präsentierten Textsorten eine Zusammenfassung ihrer wichtigsten Merkmale sowie der Lernziele, die mit ihrer Hilfe erreicht werden können. Die optisch einprägsam gestalteten Übersichten über einzelne Textsorten können u. U. auch in der Hand des Schülers nützlich werden. In Form hektographierter Zettel oder als einfache Hefteintragung erleichtern sie ihm die schnelle Wiederholung des Stoffes.

Zusätzlich gibt es Stundenblätter mit der Grobplanung größerer Unterrichtseinheiten, in denen geeignete funktionale Zusammenhänge für den Gebrauch der Textsorten geschaffen werden.

1 Wir bearbeiten Texte

Einführung

Wir haben es in diesem Kapitel mit textgebundenen Schreibformen zu tun, d. h. es geht um die mehr oder weniger an der Vorlage orientierte Reproduktion vorgegebener Texte. Bei diesen Schreibformen heißt es, sich in den Dienst eines Textes zu stellen: wir dürfen zu den Texten nichts hinzusetzen und nichts wegnehmen. Eine solche objektiv-distanzierte Haltung gegenüber einem Text fällt den Schülern meist nicht leicht. Sie lernen aber dabei, die Arbeit und die Gedanken eines anderen zu verstehen und zu respektieren; sie lernen, einen Text als das geistige Eigentum eines Menschen zu betrachten.
Es wäre jedoch falsch, aus dem bisherigen zu schließen, daß die Produktion von Textsorten wie Nacherzählung, Inhaltsangabe und Précis nicht kreativ sei. Die Übung dieser Textsorten ist der erste Schritt auf dem Weg zu einem selbständigen Umgang mit Texten. Sie bieten, wie Wolfgang Jägel zutreffend bemerkt, ein ausgezeichnetes Übungsfeld zur Versachlichung und Verknappung des eigenen Ausdrucks.*
Der Schüler lernt durch diese Textsorten, einen Text methodisch zu bearbeiten. Voraussetzung dafür ist, daß er sich mit einem Text unter gewissen Vorgaben beschäftigt, sich auf bestimmte Textstrukturen konzentriert. Auf diese Weise erwirbt sich der Schüler ein eigenes Textverständnis.
Die im folgenden behandelten Textsorten dienen deshalb zwei Zwecken: Sie stehen im Dienste der Bewahrung und Respektierung des Inhaltes und der Form eines Textes, und andererseits ermöglichen sie dem Schüler eine zunehmende Verselbständigung seiner Textarbeit. Auf diese beiden Aspekte müssen wir achten, wenn wir uns im Unterricht mit textgebundenen Schreibweisen beschäftigen.
Die am stärksten vorlagengebundene Textsorte ist die Wiedergabe. Darunter verstehen wir die möglichst adäquate Darstellung und Vorstellung – Präsentation – eines Textes (meist lautliche Präsentation durch Vorlesen): die am wenigsten vorlagengebundene Textsorte entsteht aus der Umformung eines Textes unter speziellen Gesichtspunkten. In dem Bereich dazwischen liegen Nacherzählung, Inhaltsangabe, Précis. Es hat wenig Sinn, die genannten Textsorten in einer zusammenhängenden Unterrichtseinheit als geschlossenes Ganzes zu behandeln. Wichtiger ist es, Unterrichtszusammenhänge zu schaffen, in die sie sich funktional einfügen lassen. Dazu seien einige Beispiele genannt: Die Nacherzählung etwa läßt sich sinnvoll einsetzen, wenn Schüler Texte als besonders eindrucksvoll, spannend, aufregend empfinden, insbesondere Texte, die ihnen nicht nur durch den Inhalt, sondern auch durch die sprachliche Gestaltung aufgefallen sind. Solche Texte verdienen es, nacherzählt zu werden, weil die Nacherzählung im Gegensatz zur Inhaltsangabe einen Text unmittelbar zu verlebendigen vermag. Die Nacherzählung ist auch dann zu empfehlen, wenn es gilt, zu einem Lesebuch-Text längere Parallel- und Kontrasttexte zur Kenntnis zu bringen.
Die Inhaltsangabe kann funktional eingesetzt werden, wenn die Schüler ihren Mitschülern Inhalte von ihnen bekannten Büchern, Fernsehstücken, Erzählungen usw. mitteilen, von welchen sie annehmen, daß auch die anderen Mitschüler sie gerne kennenlernen würden.

* Wolf-Dietrich Jägel, Sprachliche Mitteilungsformen im Alltag. Paderborn, Schöningh, 1973, S. 175

Der Précis ist, da er besondere Textnähe und Texttreue verlangt, bei der Kontrolle des Textverständnisses – etwa von Lesebuchtexten – gut zu gebrauchen.

Der Gebrauch der Textsorten im Unterricht wird an späterer Stelle noch ausführlich besprochen werden.

Hier sei ein Text von Gottfried Keller angefügt, an dem wir die spezifischen Besonderheiten der hier zu besprechenden Textsorten exemplarisch erläutern werden.

Er ist dem Kapitel „Kinderverbrechen“ aus Kellers Roman „Der grüne Heinrich“ (I, 1,8) entnommen. Nach Thema und Gestaltung ist der Text der Klassenstufe gemäß. Seine Vielschichtigkeit und Dichte rücken ihn allerdings in den oberen Bereich der Schwierigkeit, welche den Schülern zugemutet werden kann. Andererseits überschreitet er an keiner Stelle den Erfahrungsbereich eines Schülers der Klassenstufe 7/8 und entspricht hinsichtlich seiner Problematisierungs-Aspekte durchaus auch einem Schüler unserer Zeit, während die Unterschiede in gewissen gesellschaftlichen Strukturen – z. B. Autoritätsverhältnisse – ihn zu fruchtbaren Vergleichen anzuregen vermögen. Als wesentliche Kriterien bei der Auswahl geeigneter Texte für Nacherzählung, Inhaltsangabe und Précis erscheinen mithin:

– Thema und Gestaltung müssen von der Schwierigkeit her der Altersstufe gemäß sein.
– Die Problematisierungs-Aspekte müssen dem Erfahrungsbereich der Schüler entsprechen und aktuell sein.
– Die sprachlichen Gestaltungsmittel müssen für den Schüler erkennbar sein und sein Interesse wecken.

Gottfried Keller: Aus dem Roman „Der grüne Heinrich“

Ich saß einst hinter dem Tisch, mit irgendeinem Spielzeuge beschäftigt, und sprach dazu einige unanständige, höchst rohe Worte vor mich hin, deren Bedeutung mir unbekannt war und die ich auf der Straße gehört haben mochte. Eine Frau saß bei meiner Mutter und plauderte mit ihr, als sie die Worte hörte und meine Mutter aufmerksam darauf machte. Sie fragten mich mit ernster Miene, wer mich diese Sachen gelehrt hätte, insbesondere die fremde Frau drang in mich, worüber ich mich verwunderte, einen Augenblick nachsinnend, und dann den Namen eines Knaben nannte, den ich in der Schule gesehen hatte. Einige Tage darauf hielt mich der Lehrer zu meiner Verwunderung nach der Schule zurück sowie jene vier angegebenen Knaben, welche mir wie halbe Männer vorkamen, da sie an Alter und Größe mir weit vorgeschritten waren. Ein geistlicher Herr erschien, welcher gewöhnlich den Religionsunterricht gab und sonst der Schule vorstand, setzte sich mit dem Lehrer an einen Tisch und hieß mich neben ihn sitzen. Die Knaben hingegen mußten sich vor dem Tisch in eine Reihe stellen und harrten der Dinge, die da kommen sollten. Sie wurden nun mit feierlicher Stimme gefragt, ob sie gewisse Worte in meiner Gegenwart ausgesprochen hätten; sie wußten nichts zu antworten und waren ganz erstaunt. Hierauf sagte der Geistliche zu mir: „Wo hast du die bewußten Dinge gehört von diesen Buben?“ Ich war sogleich wieder im Zuge und antwortete unverweilt mit trockener Bestimmtheit: „Im Brüderleinsholze!“ Dieses ist ein Gehölz, eine Stunde von der Stadt entfernt, wo ich in meinem Leben nie gewesen war, das ich aber oft nennen hörte. „Wie ist es dabei zugegangen, wie seid ihr dahin gekommen?“ fragte man weiter. Ich erzählte, wie mich die Knaben eines Tages zu einem Spaziergang überredet und in den Wald hinaus mitgenommen hätten, und ich beschrieb mit merkwürdiger Wahrheit die Art, wie etwa größere Knaben einen kleineren zu einem mutwilligen Streifzuge mitnehmen. Die Angeklagten gerieten außer sich und beteuerten mit Tränen, daß sie teils seit langer Zeit, teils gar nie in jenem Gehölze gewesen seien, am wenigsten mit mir! Dabei sahen sie mit erschrecktem Hasse auf mich, wie auf eine böse Schlange, und wollten mich mit Vorwürfen und Fragen bestürmen, wurden aber zur Ruhe gewiesen und ich aufgefordert, den Weg anzugeben, welchen wir gegangen. Sogleich lag derselbe deutlich vor meinen Augen, und angefeuert durch den Widerspruch und das Leugnen eines Märchens, an welches ich nun selbst glaubte, da ich mir sonst auf keine Weise den Bestand der gegenwärtigen Szene erklären konnte, gab ich nun Wege und Stege an, die an den Ort führen, und nannte hier ein Dorf, dort eine Brücke oder eine Wiese. Ich kannte dieselben nur vom flüchtigen Hörensagen, und obgleich ich kaum darauf gemerkt hatte, stellte sich nun jedes Wort zur rechten Zeit ein. Ferner erzählte ich, wie wir unterwegs Nüsse heruntergeschlagen, Feuer gemacht und gestohlene Kartoffeln gebraten, auch einen Bauernjungen jämmerlich durchgebleut hätten, welcher uns hindern wollte. Im Walde angekommen, kletterten meine Gefährten auf hohe Tannen und jauchzten in der Höhe, den Geistlichen und den Lehrer mit lächerlichen Spitznamen benennend. Diese Spitznamen hatte ich, über das Äußere der beiden Männer nachsinnend, längst im eigenen Herzen ausgeheckt, aber nie verlautbart; bei dieser Gelegenheit brachte ich sie zugleich an den Mann, und der Zorn der Herren war ebenso groß wie das Erstaunen der vorgeschobenen Knaben. Nachdem sie wieder von den Bäumen heruntergekommen, schnitten sie große Ruten und forderten mich auf, auch auf ein Bäumchen zu klettern und oben die Spottnamen auszurufen. Als ich mich weigerte, banden sie mich an einen Baum fest und schlugen mich so lange mit den Ruten, bis ich alles aussprach, was sie verlangten, auch jene unanständigen Worte. Indessen ich rief, schlichen sie sich hinter meinem Rücken davon, ein Bauer kam in demselben Augenblick heran, hörte meine unsittlichen Reden und packte mich bei den Ohren. „Wart, ihr bösen Buben!" rief er, „diesen hab ich!" und hieb mir einige Streiche. Dann ging er ebenfalls weg und ließ mich stehen, während es schon dunkelte. Mit vieler Mühe riß ich mich los und suchte den Heimweg in dem dunklen Wald. Allein ich verirrte mich, fiel in einen tiefen Bach, in welchem ich bis zum Ausgange des Waldes teils schwamm, teils watete, und so, nach Bestehung mancher Gefährde, den rechten Weg fand. Doch wurde ich noch von einem großen Ziegenbocke angegriffen, bekämpfte denselben mit einem rasch ausgerissenen Zaunpfahl und schlug ihn in die Flucht.

Noch nie hatte man in der Schule eine solche Beredsamkeit an mir bemerkt wie bei dieser Erzählung. Es kam niemand in den Sinn, etwa bei meiner Mutter anfragen zu lassen, ob ich eines Tages durchnäßt und nächtlich nach Hause gekommen sei. Dagegen brachte man mit meinem Abenteuer in Zusammenhang, daß der eine und andere der Knaben nachgewiesenermaßen die Schule geschwänzt hatte, gerade um die Zeit, welche ich angab. Man glaubte meiner großen Jugend sowohl wie meiner Erzählung; diese fiel ganz unerwartet und unbefangen aus dem blauen Himmel meines sonstigen Schweigens. Die Angeklagten wurden unschuldig verurteilt als verwilderte bösartige junge Leute, da ihr hartnäckiges und einstimmiges Leugnen und ihre gerechte Entrüstung und Verzweiflung die Sache noch verschlimmerten; sie erhielten die härtesten Schulstrafen, wurden einige Wochen lang auf die Schandbank gesetzt und überdies noch von ihren Eltern geschlagen und eingesperrt. (I, 1,8 „Kinderverbrechen")

1.1 Wir geben das Text-Original wieder

Formen und Methoden der Wiedergabe

Eine nur scheinbar unselbständige Form der Wiedergabe ist das Abschreiben eines gedruckten Textes. Diese Art der Wiedergabe zwingt den Schüler, den Text Wort für Wort zu rezipieren. Doch hat der Schüler auch hier durchaus Gelegenheit zur Auseinandersetzung mit dem Text. Er kann beim Abschreiben etwa kurzer, formal abwechslungsreicher Gedichte mit verschiedenen Schriftgrößen, Schriftarten, Zeilenabständen, Schriftblökken, Raumaufteilungen experimentieren und wird dadurch zu Überlegungen hinsichtlich des Zusammenhanges zwischen Schriftbild und Textinhalt/Textintention angeregt. Insbesondere jüngere Schüler widmen sich solchen Aufgaben mit Eifer.

In den letzten Jahren konnte man häufig beobachten, daß die Einführung und Präsentation eines Textes im Unterricht eher beiläufig geschah. Der Lehrer scheute sich offensichtlich, mehr zu tun, als den Text zur Kenntnis zu bringen, weil er ihn lediglich als Material betrachtete, mit dessen Hilfe didaktische Intentionen zu realisieren waren. Diese Entwicklung ist außerordentlich zu bedauern, denn die Präsentation eines Textes gehört zu den wichtigsten Aufgaben des Deutschunterrichts. Wenn der Text nur eine untergeordnete Rolle spielt, wird dem Schüler die Freude am entdeckenden Lesen von vornherein und ein für allemal verdorben werden. Die wichtigste Form der Wiedergabe ist zweifellos das Lesen. Obwohl dazu viel zu bemerken wäre, beschränken wir uns aus Umfangsgründen auf einige Hinweise.

Wir unterscheiden:

- das stille Lesen (Selbstlesen)
- das laute Lesen als einfach-mitteilendes Zur-Kenntnisbringen oder als sinnakzentuierendes, gestaltendes Lesen (mit dieser letzten Form wollen wir uns beschäftigen).

Der Schüler sollte diese Arten des Lesens voneinander unterscheiden lernen und auch verstehen, bei welcher Gelegenheit welche Form sinnvoll eingesetzt wird.
Stilles Lesen in einer Unterrichtsstunde leidet oft darunter, daß ein Teil der Schüler den Text nur überfliegt, zu schnell fertig ist, unruhig wird und die langsameren stört. Darum müssen die nervös-hastigen Schüler lernen – und dazu gehört viel Geduld auf seiten des Lehrers – verweilend zu lesen, beim Lesen auf den Inhalt zu achten, den Text nicht nur oberflächlich, sondern zugleich verstehend aufzunehmen.
Um dieses Ziel zu erreichen, muß der Schüler zuvor seine Lesepraxis verbessern. Es hat wenig Sinn, Stillesephasen im Unterricht einzuplanen, wenn der Schüler nicht gelernt hat, den Leseprozeß zu strukturieren. Wichtigstes Hilfsmittel beim Versuch, sinngebendes Lesen zu erlernen, ist der Bleistift. Die Schüler müssen angehalten werden, den Text mit einem Bleistift durchzugehen und durchzustrukturieren. Man kommt im wesentlichen mit einigen Zeichen aus: mit einem Zeichen für Pause, mit einem Zeichen für die Kennzeichnung von Sinngruppen, mit einem Zeichen für die Betonung.
Ist ein Text mit Hilfe dieser Zeichen durchgegliedert worden, wird sich das sinnanalytische Lesen sicher sehr schnell bessern. Vor allen Dingen wird die monotone Verlesung von Texten verschwinden, zu der die Schüler öfter neigen.
Wer einmal mit solchen Leseübungen begonnen hat, wird sehr schnell merken, welches Interesse er bei den Schülern erweckt, wie gespannt die Schüler die Lesefertigkeit der anderen verfolgen und wie groß das Gewicht ist, das sie gelungenen Leistungen beimessen. Hat der Schüler also auf dem Umweg über das Gliedern nach Sinnabschnitten erkannt, daß ein Text ein vielschichtiges Gebilde ist, dann ist er auch in der Lage, das stille Lesen mit Gewinn und selbständig durchzuführen.

Text

⌜Für Christine B́.⌝ ', ⌜eine jener Fréiburger Gýmnasiástinnen⌝, ' ⌜die den Katholikentagsteilnehmern ' das Lében in der frémden Stádt⌝ ' ⌜als Hostéß erléichtern wollen⌝ ', ⌜begann der Katholikentag in 'Münster/Westfálen⌝ . ⌜Dorthín 'fuhr die Unterprimánerin ' des St. Úrsula-Gymnásiums⌝ ' ⌜schon am Díenstag⌝ , ⌜um den Fáhrgästen des Śonderzuges 'aus Westfálen 'bereits im Zúg 'mit Rát und Tát | béizustehen⌝ .
⌜Das Interésse ihrer Mítschülerínnen 'an der Hostéssen-Aufgabe | war so gróß⌝ '! ⌜berichtet Christíne⌝, ' ⌜daß das Lós darüber entschéiden mußte⌝ '! ⌜wer das bláue „Käppi" 'tragen durfte⌝ |! ⌜Bei méhreren Zusámmenkünften 'wurde den Hostéssen geságt⌝, ' ⌜wás sie zu tún hätten⌝ |! ⌜Das gründliche Stúdium | des umfangreichen Programmes 'gehörte zu ihren „Hausaufgaben"⌝.

Zeichenerklärung

/ = betonte Silbe
|' = Pause, bzw. Halbpause
⌜ ⌝ = Sinneinheit

Diese Zeichen reichen zu Beginn aus.
Auf die Methode, Satzbögen anzuzeichnen, kann in diesem Zusammenhang nur hingewiesen werden.

Beim lauten Lesen kommt es vor allem darauf an, die Sinnintentionen des Textes herauszuarbeiten. Selbstredend lernt man mit der Übung des Lesens (des Lautens) einen Text noch nicht gänzlich verstehen – Textverständnis und Fähigkeit zum sinngebenden Lesen gehen Hand in Hand. Der Lehrer erkennt an der Art, wie Schüler einen Text (ohne sinnanalytische Vorbereitung) lesen können, ob der für sie ausgewählte Text ihren Verstehensmöglichkeiten entspricht oder sie überfordert. Wirklich sinngebendes Lesen kann erst dann beginnen, wenn ein gewisses Textverständnis vorliegt.

Die Wiedergabe im Unterricht

Soll ein Text in der Stunde eingeführt, das heißt: vorgestellt werden, kommt es immer darauf an, die Schüler für den Text zu interessieren, womöglich sie für ihn zu begeistern. Deshalb ist die Phase der Einführung und Vorstellung, also der Präsentation des Textes, entscheidend. Man sollte einen Text, den man selbst für wichtig und lesenswert hält, nicht beiläufig und gänzlich unvorbereitet vorstellen, sondern in einer vorhergehenden Stunde an die Schüler verteilen, die sich zu Hause auf das laute Lesen vorbereiten.

Auf diese Weise können wir erreichen, daß die Schüler Texte nicht wie Wegwerf-Artikel behandeln, daß sie wichtige Texte verweilend lesen, das heißt: verstehend und bedenkend rezipieren.

In bestimmten Fällen wird der Lehrer selbst das Vorlesen übernehmen. Das Verfahren, einen Text so vorzustellen, daß die Schüler nicht mitlesen können, zwingt sie zu aufmerksamem Zuhören, scheint also eine Art Konzentrationsübung zu sein. Entscheidend aber ist dabei, daß der Lehrer das Rechte gewählt hat und daß er selbst das Vorlesen vermag; nur dann werden die Schüler nicht zuhören *müssen*, sondern zuhören *wollen*. Wenig sinnvoll ist es, im Anschluß an die Vorlesung durch den Lehrer – oder auch einen Schüler – den Text im Klassenverband noch einmal zu lesen. Nach dem Vorlesen sollte unverzüglich die Textbesprechung nach den vorgefaßten Unterrichtszielen beginnen.

Die Wiedergabe im Unterricht einzusetzen dürfte nicht schwierig sein – im Rahmen des literarischen Unterrichtes gibt es zahlreiche Gelegenheiten, auf die hier nicht in Einzelheiten eingegangen wird.

Eine Möglichkeit nur, die Wiedergabe sinnvoll in den größeren Rahmen eines allgemein literaturpädagogischen Unterrichts zu integrieren sei hier ausführlicher erwähnt.

Unter den Schülern der Klassen 7/8 gibt es meist eine große Anzahl begeisterter Leseratten, oft von interessierten Eltern gefördert und unterstützt durch eine reichhaltige Bibliothek zu Hause. Hier ergeben sich Anlässe für anregende Stunden, die man aber längerfristig planen muß, weil sie auf seiten der Schüler längere Vorbereitungsarbeit erfordern. Am besten ist es, wenn der Lehrer bereits bei seiner Halbjahresplanung einige Stunden für lautes Vorlesen reserviert, in denen die Schüler diejenigen Bücher, die ihnen bei der häuslichen Lektüre besonders zugesagt haben, kurz vorstellen und dann einen längeren Abschnitt daraus vorlesen. Wenn nötig, müssen sie auch einige kurze Erläuterungen abgeben. Das Vorlesen sollte jedoch den größten Raum einnehmen. Weil die Schüler wissen, daß es weitgehend von ihrer Vorlesekunst abhängt, ob sie ihre Mitschüler für die ausgesuchten Texte begeistern können, werden sie sich beim Vortrag besondere Mühe geben. Im Anschluß an das Vorlesen dürfen die Mitschüler noch Fragen zum Text stellen. Da die Interessen auf dieser Altersstufe noch nicht zu sehr divergieren, kann der Lehrer die Vorlesestunden von vornherein unter ein bestimmtes Thema stellen (Leben mit Tieren; Verhältnis Tier – Mensch; Sport; Ferien und Reisen; tägliches Leben zu Hause; Leben mit Eltern; Abenteuer; Verkehr; Basteln usw.). Im Anschluß an jede Stunde gibt der Lehrer eine vervielfältigte Titelliste der vorgestellten Bücher aus, die er aus eigenem erweitert und ergänzt. Die Eltern sind für solche Hilfen bei der Lektüreauswahl sehr dankbar.

1.2 Wir reproduzieren Texte (Nacherzählung – Inhaltsangabe – Précis)

Die Nacherzählung als Textsorte

Die Nacherzählung verkürzt den Text und rafft den Inhalt bei gleichzeitiger Bewahrung der gestalterischen Mittel der Vorlage, wie Komposition, Stil, Kohärenz, Sprechweise, Wortschatz, semantische Eigentümlichkeiten usw. Die Textvorlage soll möglichst unmittelbar präsentiert werden.
Sie will neben dem Inhalt auch einen Eindruck von der Gestaltung des Textes mit vermitteln, will die Wirkung vermitteln, den auch das Original hervorrufen würde. Dadurch unterscheidet sie sich von der Inhaltsangabe, die nur den Inhalt eines Textes wiedergibt, ohne irgendwelche Gestaltungselemente der Vorlage zu berücksichtigen.
Daraus ergibt sich, daß die Nacherzählung vor allem den Intentionen der Vorlage dienen will. Die Nacherzählung „engagiert" sich also gewissermaßen für den Text. Ist der Lehrer nicht von der Qualität eines Textes überzeugt, sollte er ihn deshalb nicht zum Gegenstand einer Nacherzählung machen. Denkbar ist jedoch auch der umgekehrte Fall: Man ist von der Güte eines Textes nicht überzeugt, und um das zu beweisen, will man ihn so unmittelbar wie möglich präsentieren.
Die Nacherzählung läßt sich im schulischen Alltag bei vielen Gelegenheiten einsetzen: Man kann einen Text oder Teile eines längeren Textes nacherzählen lassen,
- um den Hörer zur Lektüre des Ganzen der Textvorlage anzuregen, seinen „Appetit" anzuregen und ihn neugierig zu machen auf das „Hauptgericht",
- um auf einen noch unbekannten Autor hinzuweisen, um auf seine andere Sehweise und Sprechweise hinzuweisen,
- um im Anschluß an einen Theaterbesuch jemandem, der das Stück nicht gesehen hat, einen lebendigen Eindruck zu verschaffen und ihn zu dem Theaterbesuch zu motivieren,
- um einen Text präsent zu machen, der zu lange ist, den ganz zu lesen zu umständlich ist, der nur als Ergänzungstext zu einem Haupttext fungieren soll,
- um einen Eindruck und einen Überblick von einer bestimmten Struktur eines Textes zu geben, etwa von der Handlung o. ä.

Die Nacherzählung muß neben den wesentlichen Inhaltskomponenten auch die wichtigsten Formcharakteristika berücksichtigen, wie weiter oben ausgeführt wurde. Eine Nacherzählung des Keller-Textes z. B. müßte folgende Punkte berücksichtigen:

Inhalt:
- Anlaß des Geschehens
- Zusammentritt des Gerichtes
- Verhör
  - Fragen (Ort, Umstände)
  - Erzählung des Knaben
  - Unterbrechung durch Angeklagte
  - Fortsetzung der Erzählung des Knaben, allmähliches „Flüssig"-Werden der Erzählung, sich Schritt um Schritt „verfertigende" Erfindung der Lügengeschichte
  - Motivationen, also Wendepunkte

Form:
- Ichform
- die Dimensionen der „Geschichte", welche erzählt wird:
  - die Familiengeschichte (Mutter)
  - die Schulgeschichte (der geistliche Herr)
  - die Kindergeschichte im engeren Sinn (die Kameraden)
  - die eigene Geschichte (Selbsterfahrung)
- weitgehend parataktische Satzstrukturen
- redundante Gliedsätze
- wörtliche Rede an Wendepunkten

- besondere Wendungen: „Knaben“ – „Buben“
- charakteristische Verbindungen von Substantiv/Adjektiv wie „trockene Bestimmtheit“ – „merkwürdige Wahrheit“ – „erschrecktem Hasse“ – „lächerliche Spitznamen“
- Beibehaltung des nebentonigen, formbildenden Morphems –e: „Brüderleinsholze“ – „Gehölze“ – „Hasse“

Die Nacherzählung im Unterricht

Auf der Klassenstufe 7/8 eignen sich für die Nacherzählung besonders
- handlungsintensive Texte, wie Märchen, Kriminal- und Abenteuergeschichten,
- Texte mit besonders ausgeprägten Figuren-Profilen, wie alle Geschichten, in deren Mittelpunkt ein Held steht,
- Texte mit ungewöhnlichen Milieus, Handlungsorten und Handlungszeiten, zum Beispiel: Goldfieber in Californien,
- Texte, die nichtalltägliche Handlungen schildern, wie Besteigung des Himalaja, Bergrettung, Entdeckungsreisen usf.

Diese Geschichten kommen den Bedürfnissen der Altersstufe in besonderem Maße entgegen. Die Schüler sind in einer Phase ihrer geistigen Entwicklung, in der sie bewußt den Kontrast zur eigenen Umwelt suchen, wegkommen wollen vom Vertrauten – und sei es nur in Geschichten und Erzählungen.

Die Nacherzählung hat im Unterricht eine unmittelbar methodische Funktion. Wenn wir einen Text gelesen haben, schließen wir eine Nacherzählung an, bevor wir mit der eigentlichen Besprechung beginnen. Die Schüler werden durch diese Übung dazu angehalten, sich intensiv mit den inhaltlichen Strukturen und den gestalterischen Mitteln des Textes zu beschäftigen. Damit werden die ersten Grundlagen für eine spätere Interpretation des Textes gelegt.

Erfahrungsgemäß motiviert die Nacherzählung eines Schülers die anderen zur Kritik. Es ist erstaunlich, wie genau doch viele gelesen haben, wie sehr sie schon auf die gestalterischen Komponenten des Textes geachtet haben. In den meisten Fällen melden sich andere Schüler, die es besser machen wollen als der Vorgänger. So kommt es zu fruchtbaren Vergleichen zweier Fassungen der Nacherzählung eines Textes.

Da die Nacherzählung dem Lehrer Auskunft gibt über den Verständnisgrad oder auch die Verständnisintention der Schüler, wird er die Nacherzählung vor allem im Arbeitsbereich des Literaturunterrichtes einsetzen. Die Nacherzählung eines Kapitels einer Novelle wird ihn darüber belehren, welche Akzente der Schüler setzt, auf welche Aspekte der Erzählung er achtet, ob er die kompositorischen Konstituenten erfaßt hat, ob Verständnislükken da sind usw.

Die Inhaltsangabe als Textsorte

Die Inhaltsangabe verschafft eine größere Selbständigkeit gegenüber dem Original, denn auf die formspezifischen und sprachlichen Charakteristika der Vorlage kommt es bei der Inhaltsangabe nicht entscheidend an. Inhalt meint das, was der Text thematisiert, woran er das Thematisierte jeweils durchführt und wie er es durchführt. Die Inhaltsangabe orientiert sich an der inhaltlichen Grundgliederung des Textes, allerdings ohne diese ihrerseits -formal- zu thematisieren.

Die Inhaltsangabe ist eine weitgehend neutrale Repräsentation eines Textes, sie befriedigt das elementare Informationsbedürfnis. Immer wenn es darauf ankommt, sich schnell, knapp und klar über einen Text zu informieren, hat die Inhaltsangabe ihre wichtige Funktion.

Im allgemeinen werden als Merkmale der Inhaltsangabe genannt:
- sie informiert der Tendenz nach objektiv über eine Textvorlage;

- sie gestaltet die rhetorische Form des Textes weitgehend um (sofern diese für den Text konstitutiv ist);
- sie übernimmt den Stil der Vorlage nicht;
- sie vermeidet strikt die Übernahme wertender und interpretierender Elemente.

Zusätzlich wird hervorgehoben: Die Inhaltsangabe
- gebraucht statt der direkten Rede der Vorlage die indirekte Rede;
- sie gebraucht die Zeitform des Präsens;
- sie hebt die Grund-Folge-Strukturen in dem Zusammenhang des Textes hervor; ferner auch:
- sie orientiert sich an den Grundsätzen der Sachlichkeit, der Verständlichkeit, der Übersichtlichkeit;
- sie muß lesbar und in sich zusammenhängend sein.

Man hat auch den Aufbau der Inhaltsangabe an die allgemeinen Gliederungsprinzipien des Aufsatzes anzubinden versucht, indem man ihr eine Einleitung zuwies, welche eine kurze Zusammenfassung des Inhaltes enthalten sollte, einen Hauptteil, der besonders auf den Zusammenhang zwischen Ursachen und Folgen abheben sollte, und endlich sei auch ein Schluß möglich, wenn auch nicht unbedingt nötig.

Es wird auch die Forderung aufgestellt, daß die Inhaltsangabe in der Einleitung nicht nur über den Text informieren sollte, sondern auch über den Autor.

Wegen des Zwangs zur Verknappung und des damit verbundenen Zwangs zur präzisen, abstrahierenden Sprachform sowie des Aufdeckens von Kausalzusammenhängen ist die Inhaltsangabe für die Schüler der Klassen 7/8 eine äußerst schwierig zu bewältigende Textsorte. Wichtigste Voraussetzung für die Inhaltsangabe ist die genaue Erfassen des Textes.

Beherzigenswert ist der Hinweis von Wolf-Dietrich Jägel: „Ehe man eine Inhaltsangabe anfertigt, muß man sich durch wiederholtes Lesen einen Überblick über das Textganze verschaffen. Dabei soll man das Wichtige und Auffällige unterstreichen, Schwieriges mit Fragezeichen versehen und Unverstandenes nachschlagen, bis sich der Aufbau und die Sprachgestalt des Textes erschließen.“*

Unumgänglich bei der Inhaltsangabe ist das Üben der Hauptkonstituenten der Inhaltsangabe, also die Erfassung der thematischen Intention, die Erfassung des Grund-Folge-Zusammenhangs, die weitgehend objektive Wiedergabe, die Beschränkung auf die Hauptpunkte, die Umwandlung der direkten Rede in die indirekte, die Zeitform des Präsens.

Im Verlaufe von Unterrichtsgesprächen, welche der Texterarbeitung dienen, sollten diese Gesichtspunkte immer wieder angesprochen werden, so daß sie, wenn Inhaltsangaben geübt werden sollen, dem Schüler bereits bekannte Größen sind. Dem Schüler muß klar werden, daß, im Gegensatz zu Nacherzählung und Précis, die Inhaltsangabe von ihrem Verfasser fordert, die gegebene Textvorlage, auch wenn sie ein poetischer Text ist, in einen expositorischen Text umzuwandeln. Also ist tatsächlich die wesentliche Aufgabe der Inhaltsangabe eine Umformungsaufgabe. Hier werden die Grenzen ihrer Anwendungsmöglichkeiten sichtbar: Texte, die ganz und gar Gestalt sind, sind ungeeignet, weil die Inhaltsangabe gerade das, was sie wesentlich konstituiert, zerstört.

Eine Hilfe für die Schüler ist es zweifellos, wenn für das Erfassen des Grund-Folge-Zusammenhanges die notwendigen grammatischen Kenntnisse vermittelt werden, der Gebrauch von Kausalkonjunktionen also geübt wird.

Um die Besonderheiten der Inhaltsangabe am konkreten Fall zu zeigen, wollen wir wieder unseren Beispieltext von Keller heran-

* Jägel, a. a. O.

ziehen. Folgende Bedingungen sollte eine Inhaltsangabe dieses Textes erfüllen:

- die Erfassung der thematischen Intention: Im Grunde handelt es sich um einen Bericht, wie Erziehung durch Erfahrung geschieht, um einen schmerzhaften Prozeß der Überwindung von Unselbständigkeit und Abhängigkeit. Der Schüler unserer Klassenstufe muß erkennen, daß der junge Heinrich durch Erfahrung lernt;
- die Erfassung des Grund-Folge-Zusammenhanges: Der Schüler muß sehen, daß es sich um vier Geschichten handelt, um die Bewährung vor dem Urteil der Mutter, um die Distanzierung von der Autorität des geistlichen Herrn, um das Versagen in den Augen der Kameraden, um die schwer zu ertragende Erfahrung der eigenen Unzulänglichkeit, Feigheit, Verlogenheit. Diese vier Geschichten oder Handlungsebenen greifen ineinander, bedingen einander wechselseitig;
- den Vorgang als Sachverhalt fassen und neutral darstellen;
- eine textsortenkonforme sprachliche Fassung; darum Verwandlung der direkten Reden, Wegfall redundanter Wendungen usf.

Wir geben ein Beispiel: Auf die Frage, welchen Weg die Buben eingeschlagen hatten, folgt im Text Kellers folgende Passage:

„Sogleich lag derselbe deutlich vor meinen Augen, und angefeuert durch den Widerspruch und das Leugnen eines Märchens, an welches ich nun selbst glaubte, da ich mir sonst auf keine Weise den Bestand der gegenwärtigen Szene erklären konnte, gab ich nun Wege und Stege an, die an den Ort führen, und nannte hier ein Dorf, dort eine Brücke oder eine Wiese. Ich kannte dieselben nur vom flüchtigen Hörensagen, und obgleich ich kaum darauf gemerkt hatte, stellte sich nun jedes Wort zur rechten Zeit ein. Ferner erzählte ich, wie wir unterwegs Nüsse heruntergeschlagen, Feuer gemacht und gestohlene Kartoffeln gebraten, auch einen Bauernjungen jämmerlich durchgebleut, welcher uns hindern wollte.“ (107 Wörter)

Eine stark kürzende Fassung der Stelle lautet:

Da Heinrich sich vom Mißtrauen des Geistlichen und vom Leugnen der Knaben herausgefordert fühlt, weiß er sein Gewissen nicht anders zu unterdrücken, *als indem* er seine Lügengeschichte mit *so* vielen anschaulichen Einzelheiten ausstattet, *daß* er sie selbst glaubt. (38 Wörter)

Die Passage zeigt, daß der Schüler beim Abfassen einer Inhaltsangabe schon eine bedeutende interpretatorische Arbeit leisten muß und daß große Anforderungen an sein Abstraktionsvermögen gestellt werden. Die Hauptleistung besteht ja, infolge des Kürzungszwanges darin, das Geschehen auf das Wesentliche zu reduzieren.
Am besten gelingt das, wenn die Schüler sich nicht Satz für Satz des Textes vornehmen, sondern den Text in kürzere Abschnitte gliedern und dann versuchen, diese Abschnitte zusammenzufassen. Auf jeden Fall müssen sie immer so viel Text vor Augen haben, daß die inhaltlichen Zusammenhänge präsent sind.
Bei der Einübung der Inhaltsangabe empfiehlt es sich, den Schülern nicht zu lange Texte vorzugeben. Besser geeignet sind kürzere Textabschnitte, die jedoch eine gewisse inhaltliche Dichte aufweisen müssen.

Die Inhaltsangabe im Unterricht

Wir können nur einige Anregungen für den Unterricht geben. Zunächst sei auf das Projekt Buchinformations-Stand hingewiesen. Die Schüler, wenigstens die Hälfte der Klasse, verpflichten sich, im Laufe eines gewissen Zeitraumes Bücher zu einem weit gefaßten Themenbereich zu lesen und eine Inhaltsangabe zu verfassen, die sie leserlich schreiben, eventuell mit der Schreibmaschine, und auf Kartons aufkleben. Diese Bücher, etwa zu Themenbereichen wie Tier-Mensch, Entdeckungen in fernen Ländern u.ä., werden

dann eine Woche lang in der großen Pause in der Pausenhalle ausgestellt, damit die vorübergehenden Schüler sich informieren können. Dazu bedarf es der Bücher, die die Schüler auch in die Hand nehmen können sollten. Unter Umständen wird es Hilfestellungen geben aus dem örtlichen Buchhandel. Zu jedem Buche wird ein Karton mit der Inhaltsangabe gelegt. Um zu einer einwandfreien Inhaltsangabe zu kommen, führt man das Gegen-Lesen ein. Jedes Buch wird nicht nur von einem, sondern von zwei Schülern gelesen, jeder verfaßt eine Inhaltsangabe, die dann verglichen werden. Beide Schüler redigieren zusammen die Endfassung.
Eine andere Integration der Inhaltsangabe in den Unterricht wird durch den Literaturunterricht möglich. Die Inhaltsangabe ermöglicht die Lektüre längerer Texte, die man nicht ganz in der Klasse lesen kann. Mit Hilfe der Inhaltsangabe sind die nichtgelesenen Kapitel wenigstens inhaltlich präsent. Eine andere Weise des Gebrauches im Literaturunterricht ist die vor der eigentlichen Besprechung eines literarischen Werkes vorweggenommene Inhaltsangabe. Liest man etwa Werke wie Schillers „Wilhelm Tell“ oder Jeremias Gotthelfs „Schwarze Spinne“ oder eine Sammlung von Kurzgeschichten, so ist es eine gute Übung, im vorhinein die Schüler Inhaltsangaben von den einzelnen Textabschnitten anfertigen zu lassen. Die Inhaltsangaben der einzelnen Akte des Tell z. B. sollten zusammen nicht umfangreicher sein als eine DIN-A 4-Seite.
Reizvoll für den Lehrer und informativ für die Schüler ist die erneute Lektüre der Inhaltsangaben nach der Besprechung des Stückes. Hier lernt man aus den eigenen Fehlern, Mängeln, Schwächen.

Eine noch weitergehende Übung sei an unserem Text von Keller erörtert, der uns schon einigemal als Beispiel gedient hat. In diesem Text werden einige Phasen der Handlung in einer sehr gerafften Form wiedergegeben. Eine Stelle sei angemerkt:

> „Ich erzählte, wie mich die Knaben eines Tages zu einem Spaziergang überredet und in den Wald hinaus mitgenommen hätten, und ich beschrieb mit merkwürdiger Wahrheit die Art, wie etwa größere Knaben einen kleinen zu einem mutwilligen Streifzuge mitnehmen.“ (Zeilen 26–30).

Der im abschließenden Gliedsatz enthaltene Hinweis auf „mutwillige Streifzüge“ kann durchaus als Anregung zum Erzählen eigener „einschlägiger“ Erlebnisse genommen werden. Diese Stelle soll den Schüler mit der Inhaltsangabe einer von ihm selbst erfundenen, aber unausgeführten, aus dem eigenen Erleben stammenden Ergänzung versehen: er könnte zum Beispiel schreiben: wie wir Blutsbrüderschaft schlossen (das ist oft mit Ritualen verknüpft), wie wir Vogelnester ausnahmen, wie wir Kirschen stahlen, usw.
Schließlich ist es angezeigt, die Übung von Inhaltsangaben mit der Behandlung des Satzgefüges und vor allem der kausal verknüpfenden Konjunktionen zu verbinden.

Der Précis als Textsorte

Handelt es sich darum, über umfängliche Texte knapp zu informieren, so ist die Inhaltsangabe die angemessene Form. Dabei wird ihr Ergebnis meist um so mehr deutende Elemente enthalten, je stärker die Wortzahl der Vorlage und die der Wiedergabe auseinanderklaffen. Dies unterstreicht eben auch die Tatsache, daß der Schreiber der Inhaltsangabe sich in seinem Standort nicht mit dem Verfasser der Textvorlage identifiziert.
Für die möglichst textnahe Darbietung einer im Umfang knapperen Passage bietet sich der Précis an. Die objektive Reduktion eines Textes auf seine rhetorische Nullstufe (d. h. Aufhebung der Redundanz, weitgehender Fortfall der konnotativen Dimension) durch Kürzung auf ein Drittel schafft eine wesentliche Voraussetzung für eine sinnvolle Text-

analyse. Insofern kommt dem Précis eine über sich hinausweisende Funktion zu.

Die wichtigsten Merkmale des Précis sind:

- Der Précis referiert alle wesentlichen Gedanken der Vorlage, ohne deren Bedeutung zu verändern oder zu interpretieren;
- die Raffung muß einen selbständigen, zusammenhängenden und lesbaren Text ergeben;
- rhetorische Figuren sind sprachlich umzuformen, Vergleiche und Bilder, die zum Textverständnis nicht notwendig erscheinen, müssen ausgeschieden werden, die direkte Rede ist in indirekter Form wiederzugeben;
- der Bearbeiter kürzt die Vorlage auf ein Drittel. Diese Vorschrift ist bindend. Je nach Schwierigkeitsgrad des Textes ist ein gewisser Spielraum möglich (etwa ±5, ±10, ±15 Wörter);
- der Stil der verschiedenen Prosaarten muß beibehalten werden, d.h. rationale Abstraktion bietet sich nur an bei Texten rein gedanklichen Inhaltes.

Methodisch wird gefordert:

- Gehe Abschnitt für Abschnitt, Satz für Satz, Wort für Wort durch; kürze möglichst gleichmäßig..., damit das Original im Précis noch erkennbar ist.

Zum Unterschied des Précis von der Inhaltsangabe:

- Der Schreiber der Inhaltsangabe übernimmt nicht den Standort des Verfassers der Textvorlage, er steht dem Text gegenüber; der Schreiber des Précis schlüpft in die Rolle des Verfassers der Textvorlage, faßt zusammen, kürzt aus dessen Sehweise.*

Um ein konkretes Beispiel zu geben, sei unser Beispieltext von Keller in der angegebenen Weise bearbeitet. Von den 717 Wörtern der Textvorlage sollen noch 239 übrigbleiben. Ein entsprechender Précis könnte lauten:

Der Knabe saß zu Hause mit einem Spielzeug und sprach unanständige und rohe Worte vor sich hin, die er irgendwo aufgeschnappt hatte, ohne ihre Bedeutung zu kennen. Seine Mutter und eine fremde Frau, die zu Besuch war, drangen in ihn zu erklären, von wem er die Worte gehört habe. Er nannte die Namen von Knaben, die er in der Schule gesehen hatte. Wenig später wurden er und die Knaben einem Verhör durch einen geistlichen Lehrer unterzogen. Nachdem die Knaben jede Schuld abgestritten hatten, erzählte er, wie er von ihnen zu einem Spaziergang überredet worden war, wie sie schon unterwegs Nüsse und Kartoffeln, welch letztere sie gebraten und gegessen, gestohlen und einen Bauernjungen, der sie hindern wollte, durchgebleut hätten. Ferner, wie die Knaben im Walde von Bäumen, auf die sie gestiegen wären, jene lächerlichen Spitznamen ausgerufen hätten, welche in Wahrheit er selbst sich ausgedacht hatte. Als er diese nun vorbrachte, erzürnte er die betroffenen Herren ebenso wie die unschuldigen Knaben. Diese, erzählte er weiter, hätten ihn gezwungen, auch auf einen Baum zu steigen und seinerseits jene Wörter auszurufen und hätten ihn, als er sich weigerte, an einen Baum festgebunden und geschlagen, bis er tat, was sie wollten. Währenddessen liefen sie davon. Ein Bauer, der vorbeikam, hieb ihm wegen der Wörter einige Streiche. Endlich mußte er sich losreißen und erreichte den rechten Weg nicht, ehe er einen Bach durchwatet und den Angriff eines Ziegenbockes abgewehrt hatte. (233 Wörter)

Der Précis im Unterricht

Der Précis ist für die Schüler dieser Altersstufe noch schwerer zu bewältigen als die Inhaltsangabe, da er in noch stärkerem Maße als diese zur Prägnanz und damit zur Abstraktion zwingt. Wir können ihn im Unterricht gebrauchen, wenn es darum geht,

- Texte inhaltlich miteinander zu vergleichen,

* Ausführliche Informationen zum Précis bringt der Aufsatz von Seidler, H. Eine neue Aufsatzart: Der Précis. In: Der Deutschunterricht, 3/1967, S. 5–21

– Texte stilistisch miteinander zu vergleichen,
– zu verstehen, warum „Redundanz“ nicht dasselbe ist wie „Überflüssigkeit“.

Wie ein Précis Möglichkeiten zum Textvergleich öffnen kann, sei an den folgenden Textbeispielen verdeutlicht.

Text I

„Wir verstanden die Kunst der Indianerkriegführung fast so gut wie unsere Väter; denn es war Sitte, daß die berühmteren Krieger beim Sonnentanz alle ihre ruhmvollsten Kämpfe erzählten und auch vorführten. Wir Knaben hatten die meisten Kämpfe unseres Stammes in allen Einzelheiten auswendig gelernt.
Manchmal wenn wir in der Nähe eines denkwürdigen Schlachtfeldes aus den Kämpfen mit den Krähen oder den Großbäuchen lagerten, zogen wir Burschen frühmorgens schon vom Lager los; wir nahmen einen großen Sack Pemmikan und unsere Pfeile und Bogen mit und suchten die Stelle auf, um zu ‚kämpfen‘. Wir teilten uns in zwei Stämme, stellten die alten Landzeichen fest, die wir aus den Erzählungen der Väter kannten, und bezogen dieselben Stellungen, aus denen die ursprüngliche Schlacht geschlagen worden war. Glücklich waren diejenigen Buben, die zu Häuptlingen oder Zaubermännern gewählt wurden.
Hatten die ‚Häuptlinge‘ ihre Krieger in die Stellungen verteilt, so hielten sie abseits einen Kriegsrat, um den Gang des Kampfes noch einmal festzulegen. Dann zogen wir uns alle aus, wie die Väter taten, wenn sie in den Kampf gingen, und bemalten unsere Körper nach der Farbe der betreffenden Landschaft, damit uns der Feind nicht leicht entdeckte. Auf ein gegebenes Zeichen begann der Kampf.
Wir besaßen kleine Pfeile, von den Müttern gemacht, mit stumpfen runden Kugeln auf den Spitzen. Sobald einen Knaben ein solcher Pfeil traf, war er ‚tot‘ und mußte auf der Stelle liegenbleiben. Unsere Mütter hatten uns auch schwarzes Pferdehaar in den Schopf gebunden, so daß man uns ‚skalpieren‘ konnte, wenn wir ‚getötet‘ wurden.
Bei diesen Kriegsspielen stürzten wir nicht wild aufeinander los, wie ich es unter weißen Knaben gesehen habe. Wir nahmen die Schlacht sehr ernst, verbargen uns, wo irgend möglich, und krochen heimlich aufeinander zu – wie eben der Indianer kämpft. Unsere Väter verlangten das von uns, damit wir gute Krieger würden, wenn wir erwachsen wären. Manchmal dauerte die Schlacht über eine Stunde. War dann der große Kampf vorüber, so wurde der mit den meisten erbeuteten Skalpen der ‚größte Krieger‘ des ganzen Knabenlagers, er behielt auch mehrere Tage lang diesen Rang.
Anschließend an unsere Schlachten hielten wir große Siegestänze, wie es die Väter taten; und die fünf Buben, die die meisten Skalpe erbeutet hatten, waren die Helden dieser Feste. Wir errichteten fünf besondere Sitzplätze für diese auserlesenen ‚Krieger‘, und die gewöhnlichen Mitkämpfer hatten sie zu bedienen und ihnen Speise zu bringen, während sie stumm ihrem Ehrentanze zusahen. Nachmittags, bei der Rückkehr ins Lager, ließen wir unsere fünf ‚größten Krieger‘ vorangehen, und die Männer legten ihnen die Hand auf die Schulter und sagten, sie würden eines Tages große Krieger wie ihre Väter werden; das nahmen wir Knaben immer sehr ernst. Beide Eltern, sowohl Vater wie Mutter, ermunterten uns zu den Kriegsspielen, auf daß wir ‚ehrenhafte Männer‘ würden.“ (452 Wörter)

Aus: Häuptling Büffelkind Langspeer, Eine Selbstdarstellung des letzten Indianers, Leipzig 1929, S. 35–37.

Text II

(Old Shatterhand begegnet den Kiowas. Sein Gefährte Sam Hawkins stellt ihn den Indianern vor): „Sam fuhr, allerdings in überschwenglicher Weise, fort: ‚Seine Kugel verfehlt niemals ihr Ziel, und in seiner Hand wohnt so viel Kraft, daß er jeden Feind mit einem einzigen Hieb seiner Faust zu Boden schmettert. Darum haben ihm die weißen Männer des Westens den Namen Old Shatterhand gegeben.‘ – So, da war ich ja ganz ohne meine Einwilligung mit einem Kriegsnamen ausgerüstet, den ich seit jener Zeit da drüben stets getragen habe. Das ist so Sitte im Westen. Oft kennen die besten Freunde gegenseitig ihren wirklichen Namen nicht. – Der Fuchs reichte mir die Hand und sagte freundlich: ‚Wenn Old Shatterhand es erlaubt, werden wir seine Freunde und Brüder sein. Wir lieben solche Männer, die ihre Feinde mit einem Schlag niederschmettern. Darum wirst du hochwillkommen sein in unseren Zelten.‘ – Das hieß mit anderen Worten: Wir brauchen Spitzbuben von einer solchen Körperkraft, wie du sie besitzt. Deshalb komm zu uns! Wenn du mit uns und für uns maust, stiehlst und raubst, sollst du es leidlich gut bei uns haben. – Dennoch antwortete ich so ziemlich mit jener Würde, die ich mir später ganz zu eigen gemacht habe: ‚Ich liebe die roten Männer, denn sie sind die Söhne des Großen Geistes, dessen Kinder auch die Bleichgesichter sind. Wir wollen Brüder sein und einander beistehen gegen

alle Feinde, die euch und uns nicht achten!' – Ein wohlgefälliges Schmunzeln ging über sein mit Fett und Farbe beschmiertes Gesicht, als er mir hierauf versicherte: ‚Old Shatterhand hat wohl gesprochen. Wir werden die Pfeife des Friedens mit ihm rauchen.' – Hierauf setzten sie sich mit uns ans Wasser. Er zog eine Pfeife hervor, deren lieblich-niederträchtiger Duft meine Nase schon von weitem empörte, und stopfte sie mit einer Mischung, die aus zerstoßenen roten Rüben, Hanfblättern, geschnittenen Eicheln und Sauerampfer zu bestehen schien, setzte sie in Brand, stand auf, tat einen Zug, blies den Rauch gen Himmel und gegen die Erde und sagte: ‚Da oben wohnt der Große Geist, und hier auf der Erde wachsen die Pflanzen und Tiere, die er für die Krieger der Kiowas bestimmt hat.' – Hierauf tat er vier weitere Züge und fuhr fort, nachdem er den Rauch nach Norden, Süden, Osten und Westen geblasen hatte: ‚In diesen Gegenden wohnen die roten und weißen Männer, die diese Tiere und Pflanzen unrechtmäßigerweise für sich behalten. Wir werden sie aber aufsuchen und uns nehmen, was uns gehört. Bao hat gesprochen, Howgh!'
Welch eine Rede! Ganz anders als alle, die ich bisher gelesen hatte oder später so oft gehört habe. Dieser Kiowa sagte ja hier mit offenen Worten, daß er sämtliche Erzeugnisse des Tier- und Pflanzenreichs als Eigentum seines Stammes betrachtete und darum den Raub nicht nur für sein Recht, sondern sogar für seine Pflicht hielt. Und ich sollte nun dieser Leute Freund sein." (452 Wörter)

Aus: Karl May, Winnetou I, Karl-May-Verlag Bamberg 1953, S. 92/93.

Text III

„Die Kiowas waren eine Reiternation, die von der Büffeljagd, Pferdefang und Pferdehandel lebte. 1837 wurde der 1. Friedensvertrag mit den USA geschlossen, der es den Amerikanern erlaubte, die Jagdgründe der Kiowas zu passieren und den Kiowas gebot, Frieden mit Mexiko und Texas zu bewahren. 1840 schlossen sie Frieden mit den Cheyennes, Arapahoes und Comanchen, der nie gebrochen wurde und zunächst eine starke Barriere gegen die westwärts drängenden Sioux, aber auch gegen die Invasion der Weißen und ihrer Armee bildete. Während die Kiowas bei den Amerikanern als ‚freundlich' und ‚ehrlich' galten, beschrieben die Texaner sie als ‚heuchlerisch' und ‚hinterhältig'. Immerhin: Texas hat allen Indianern gegenüber immer eine brutale und gnadenlose Ausrottungspolitik betrieben, was natürlich zu beiderseitigem abgrundtiefem Haß führte. Hierin machten nur die Cowboys eine Ausnahme, weshalb sie in der Regel mit Kiowas und Comanchen in gegenseitiger Achtung lebten.
Von 1740–1840 erlebten die Kiowas ihr ‚Goldenes Zeitalter'. Danach setzten die großen weißen Völkerwanderungen über den Santa Fé Trail nach den Goldfeldern von Californien, den Silberfunden in Colorado und die große mörderische Büffeljagd auf den südlichen Prärien ein, die das Land und die Lebensgrundlage der Indianer bedrohten. Zahllose blutige Überfälle waren die Folge. 1859 wurden sie von einer USA-Strafexpedition in eine Reservation im Norden Oklahomas eingewiesen. Bei Beginn des Bürgerkrieges kehrten sie in ihre ehemaligen Jagdgründe zurück. 1863 hatten die Reiterstämme der Kiowas, Kiowa-Apachen, Comanchen, Cheyennes und Arapahoes ihre Machtstellung in der Prärie wiederhergestellt. Im Oktober 1864 überfielen sie das texanische Fort Murphy und die Region um den Elm Creek, wobei viele Weiße ihr Leben verloren. US-Colonel Chivington rächte sich durch das Sand Creek-Massaker, und Kit Carson brachte ihnen bei Adobe Walls empfindliche Verluste bei, so daß sie 1866 bereit waren, in die Oklahoma-Reservation zurückzukehren. Als ihr weiser Häuptling Dohasan im gleichen Jahr starb, zerfiel der Stamm in Gruppen, die von Satanta, Lone Wolf und Kicking Bird angeführt wurden und jede für sich Krieg führte. Unter dem Druck der Kanonen kehrten sie seit 1867 wieder in die Reservation zurück. Aber noch kein Jahr später brachen die Kiowa-Gruppen wieder aus und überfielen Wagentrecks und Ortschaften. General Custer und die 7. Kavallerie schlugen die Cheyennes am Washita und nahm später Satanta und Lone Wolf gefangen. Er drohte, sie aufzuhängen, falls die Kiowas sich nicht ergäben. Sie ergaben sich. Aber nach dem Fest des Sonnentanzes im Mai 1869 verließen sie die Reservation wieder und schlossen sich den Quahadi-Comanchen an, die gegen die Armee, Büffeljäger und Siedler kämpften. Die Überfälle konzentrierten sich auf Nordwest-Texas, den alten Feind. 1870 kehrten sie wieder in die Reservation zurück, wo sich 1896 Kiowas befanden."

Aus: H. J. Stammel, Der Cowboy, Legende und Wirklichkeit. Ein Lexikon der amerikanischen Pioniergeschichte, Bertelsmann Lexikon Verlag Gütersloh 1972, S. 227.

Im folgenden stellen wir die sprachlichen Eigentümlichkeiten der drei Texte zusammen, welche in den Précis berücksichtigt werden müssen, damit entsprechende Vergleiche möglich werden. Wir führen lediglich

Spracheigentümlichkeiten an, welche von den Schülern der Klassenstufe bewältigt werden können.

Text I

(1) Person

Wir / Burschen / Knaben
unsere Mutter / unsere Väter / unser Stamm

(2) Bezeichnungen

Kunst der Kriegführung
es war Sitte
berühmte, ruhmvolle Krieger
denkwürdiges Schlachtfeld
alte Landzeichen
große Siegestänze
große Krieger
ehrenhafte Männer
Helden
ruhmvollste Kämpfe
auserlesene Krieger

(3) Rollenbezeichnungen

Vater
Mutter
Knabe
Krieger
Häuptling
Zaubermänner

(4) Satzstrukturen

Wir verstanden die Kunst, *denn* ...
Manchmal *wenn* ....., zogen wir
Wir nahmen ...
Wir teilten ...
Wir besaßen ...

Text II

(1) Person

Ich

(2) Bezeichnungen

Freund – Feind
Brüder – Spitzbuben
roter Mann – Bleichgesichter
Old Shatterhand
mit einem Schlag niederschmettern
mit uns maust, stiehlst und raubst
wir wollen Brüder sein und einander beistehen
wohlgefälliges Schmunzeln
mit Fett und Farbe beschmiertes Gesicht
Pfeife des Friedens

(3) Satzstrukturen

Wörtliche Rede als öffentliche Rede
Er zog hervor ....
Er setzte sich ...
Er sagte, ...
Ich sollte dieser Leute Freund sein ...
(Zumutungen) „Boa hat gesprochen!"
(Gebrauch der dritten Person für die erste)

Text III

(1) Person

Sie (die Kiowas, Cheyennes, Comanchen ....)

(2) Bezeichnungen

Pferdehandel
Pferdefang
westwärts drängende Sioux
brutale und gnadenlose
Ausrottungspolitik
Reiterstämme
Reservation
überfielen
Wagentrecks
starke Barriere (gegen Sioux)
in gegenseitiger Achtung leben
Goldfelder
Machtkämpfe
Druck der Kanonen
Armee
US-General
Bürgerkrieg
abgrundtiefer Haß

(3) Satzstrukturen

Die Kiowas waren ...
1837 wurde geschlossen ...
zunächst nur ..., aber auch
überfielen ..., wobei ...
empfindliche Verluste ..., so daß ...

Durch die Hervorhebung solcher – oder anderer – Textstrukturen wird nun ein Textver-

gleich nach den jeweils intendierten Absichten möglich. Der Précis hat sie verdeutlicht und hervorgehoben.
Aus dem jeweils vorherrschenden Personenbezug der Texte wird z. B. geklärt, daß Büffelkind Langspeer die Stammesgemeinschaft, die Gruppenbindung, die kollektiven Erlebnisse, die traditions- und wertbewußte Lebensform der Indianer herausarbeitet, wie auch, daß er eine gleichgesinnte Leserschaft voraussetzt (Satz-Koordinationen); daß Karl May dagegen das Ich des Autors (das identisch ist mit der Hauptfigur seiner „Reisebeschreibung") in den Vordergrund stellt und „den anderen" insgesamt gegenüberstellt, daß er „die anderen" in Gute und Böse unterteilt und daß er nur einen neugierigen, aber im übrigen nicht nach objektiver Information verlangenden Leser wünscht; daß Stammel kein mitagierendes und mitredendes Ich kennt, sondern einen neutralen Berichterstatter, der von den anderen und ihren Feinden spricht, also von objektiven Strukturen der Gesellschaft, daß er einen nach Wissen, nach objektiver Information verlangenden Leser voraussetzt.
Es lassen sich also mit Hilfe der Übung des Précis auch auf dieser Klassenstufe schon gute Einsichten in Textstrukturen gewinnen.

1.3 Wir formen Texte um

Die Umformung von Texten rechnen wir – aus Gründen der Vollständigkeit – noch zu den textgebundenen Schreibformen, obwohl strenggenommen damit qualitativ ganz andere Schreibformen verbunden sind als etwa mit Inhaltsangabe oder Nacherzählung.
Warum soll der Schüler lernen, Texte umzuformen? Durch solche Umformungsübungen wird er frühzeitig an das Problem der Textformen herangeführt, und zwar auf eine Weise, die ihm das Problem nicht theoretisch darbietet, sondern die ihn mit der Praxis der Formbegriffe, der Formmerkmale und des Formzweckes bekanntmacht. Eine theoretische Auseinandersetzung mit diesen Problemen wäre auf dieser Klassenstufe noch nicht möglich.
Der Schüler kann eine Umformung nur dann leisten, wenn ihm die Formmerkmale beider Textsorten bekannt sind, sowohl derjenigen, die umgeformt werden soll, als auch derjenigen, in die umgeformt werden soll. Dabei muß es sich nicht immer um Textsorten im eigentlichen Sinne handeln, es können auch Textstrukturen sein. Die Textsorte, in die umgeformt werden soll, muß eindeutige Form- oder Strukturmerkmale aufweisen, sonst ist die Aufgabenstellung für den Schüler nicht zu bewältigen.
Wir geben im folgenden einige Beispiele für mögliche Umformungen.

Umformung einer Ballade in eine Erzählung

Text:

Die Katzen und der Hausherr

(1) Tier' und Menschen schliefen feste,
Selbst der Hausprophete schwieg,
als ein Schwarm geschwänzter Gäste
Von den nächsten Dächern stieg.

(2) In dem Vorsaal eines Reichen
Stimmten sie ihr Liedchen an,
So ein Lied, das Stein erweichen,
Menschen rasend machen kann.

(3) Hinz, des Murners Schwiegervater,
Schlug den Takt erbärmlich schön,
Und zween abgelebte Kater
Quälten sich ihm beizustehn.

(4) Endlich tanzten alle Katzen,
Poltern, lärmen, daß es kracht,
Zischen, heulen, sprudeln, kratzen,
Bis der Herr im Haus erwacht.

(5) Dieser springt mit einem Prügel
In dem finstern Saal herum,
Schlägt um sich, zerstört den Spiegel,
Wirft ein Dutzend Schalen um.

(6) Stolpert über ein'ge Späne,
Stürzt im Fallen auf die Uhr
Und zerbricht zwo Reihen Zähne:
Blinder Eifer schadet nur.

Diese Ballade soll in eine Erzählung umgeformt werden. Dazu soll der Schüler alle ‚Mittel' der Erzählung gebrauchen, welche er in den Klassen 5/6/7 gelernt hat. Wir können in dem gegebenen Rahmen diese ‚Mittel' nur im groben aufzählen:

- anschauliche Darstellung, das will sagen: eine Darstellung, die sich auf Gesehenes, Gehörtes, Sichtbares, Hörbares stützt
- wörtliche Rede, weil sie die Handlung lebendiger macht; sie ist auch hier möglich, jedoch nur, wenn man entweder noch eine Figur hinzuerfindet oder wenn man den Hausherrn mit sich selbst sprechen, ihn aufgebracht schimpfen läßt
- Gebrauch der Verzögerung und der Steigerung
- Gebrauch der Wiederholung und des Gegensatzes; was sich wiederholt, sind einerseits die Bemühungen der Eindringlinge, ein „Lied" zu singen und vorzutragen, andererseits die Versuche des Hausherrn, die Störenfriede zu treffen und Ruhe herzustellen; was sich einander entgegensetzen läßt, ist die Ruhe gegen den Lärm, die Gelassenheit gegen die Hysterie usw.
- die Ausgestaltung der Höhepunkte (einerseits Beschreibung der Katzenmusik, andererseits Beschreibung der hausherrlichen Abwehrmaßnahmen)

Bevor wir indessen auf die sprachliche Gestaltung achten, ist es erforderlich, die Handlung zu „inszenieren", d.h. in einzelne, in sich geschlossene Episoden zu zerlegen:

Erste Phase

Strophe 1, Zeile 1 + 2
Es ist Nacht, alle Bewohner des Hauses schlafen tief, alles ist still
Wir befinden uns im „Hause eines Reichen", wie an der Ausstattung erkennbar

Strophe 1, Zeile 3 + 4; Strophe 2
Die Katzen erscheinen
Sie steigen ein, sie stellen sich auf zu einem Chor, doch wohl ohne eine symmetrische Ordnung
Sie beginnen ihr steinerweichendes Lied zu singen

Strophe 3
Hinz hat seinen Sonderauftritt

Strophe 4
Sich steigernde Ausgelassenheit
überbordende Lust

Zweite Phase

Strophe 5
Erscheinen des Hausherrn
Versuche, zu strafen, Rache zu nehmen

Strophe 6
Blinde Wut des Hausherrn
Sturz, Schaden, Schande

Eine andere Ballade, die sich zur Umformung eignet, ist Schiller, Die Kraniche des Ibykus.

Strophe 1–6
Ibykus auf dem Wege nach Korinth
Voller Erwartungsfreude
Er wird im tiefen Wald ermordet, es gibt keine Zeugen

Strophen 7–10
Die Nachricht von dem Tode des Sängers verbreitet sich unter der zur Feier versammelten Menge

Strophen 11–19
Der Chor tritt auf:
„Wohl dem, der frei..."
„Weh dem, wer verstohlne Tat vollbracht..."

Strophen 20–23
Die Mörder werden entlarvt:
- durch das Erscheinen der Kraniche
- durch den Selbstverrat der Mörder (Stimme des Gewissens)
- Urteil durch das anwesende Volk

Diese Ballade läßt sich im Zusammenhang mit Annette von Droste-Hülshoff, Die Vergeltung, behandeln.
In Frage für solche Übungen kommen auch:
Th. Fontane, Jan Bart
G. Hauptmann, Legende
K. Kraus, Der Bauer, der Hund und der Soldat
L. von Strauss und Torney, „Schiff ahoi"
E. Kästner, Ballade vom Nachahmungstrieb

Umformung eines erzählten Handlungsteils in einen Dialog

Wir zeigen das im folgenden an einem Ausschnitt aus der Erzählung „Die Waage der Baleks" von Heinrich Böll, die in Lesen Darstellen Begreifen, Band 7, S. 2–7 abgedruckt ist.

Text:
„Mein Großvater war fleißig und klug: Er kroch weiter in die Wälder hinein, als vor ihm Kinder seiner Sippe gekrochen waren, er drang bis in das Dickicht vor, in dem der Sage nach Bilgan der Riese hausen sollte, der dort den Hort der Balderer bewacht. Aber mein Großvater hatte keine Furcht vor Bilgan: er drang weiter in das Dickicht vor, schon als Knabe, brachte große Beute an Pilzen mit, fand sogar Trüffeln, die Frau Balek mit dreißig Pfennig das Pfund berechnete. Mein Großvater trug alles, was er den Baleks brachte, auf die Rückseite eines Kalenderblattes ein: jedes Pfund Pilze, jedes Gramm Thymian, und mit seiner Kinderschrift schrieb er rechts daneben, was er dafür bekommen hatte; jeden Pfennig kritzelte er hin, von seinem siebten bis zu seinem zwölften Jahr..."

Bei einer Umformung in ein in sich geschlossenes Gespräch müssen folgende Punkte bedacht werden:

- Wir müssen einen *Gesprächspartner* für den Großvater, „den kleinen Franz Brücher", finden. Wir wählen die Mutter, weil er mit ihr am meisten spricht.
- Wir müssen eine *Situation* erfinden, in welcher das Gespräch mit der Mutter stattfindet. Dafür eignet sich der Ort, an welchem er auf dem Kalenderblatt einträgt; der Kalender hängt in der Küche.
- Wir müssen einen bestimmten *Zeitpunkt* festlegen. Wir wählen den Vorabend seines 12. Geburtstages, weil er von dort auf seine Geschichte zurückschauen kann.
- Wir müssen mit den Worten, welche Franz äußert, *etwas* von seinem Charakter und Wesen *zeigen.* Franz ist ein selbständig denkender Junge (er glaubt nicht an Riesen); er ist ein mutiger Junge (er dringt ins Dickicht vor); er ist ein genauer Junge (er trägt alle seine Pfunde und Erlöse ein); er ist ein kritischer Junge, der sich auf seine eigenen Beobachtungen verläßt.
- Wir müssen demgemäß festlegen, *wie* Franz sich äußert. Spricht er viel? Spricht er schnell, ohne lang zu überlegen? Spricht er mit heftigen Worten? Sicher nicht. Also muß die Mutter fragen, viel fragen. Sie muß mehr selber herausbringen, als der Großvater von sich aus erzählen will.

Was soll die Mutter herausbringen? Sie soll herausbringen, daß er keine Angst vor Bilgan hat, ja nicht an ihn glaubt. Das ist wichtig für die Beurteilung seines Charakters. Sie soll herausbringen, daß er oft im Dickicht war. Sie soll herausbringen, daß er mit seinem Aufschreiben etwas bezweckt. Die Mutter frägt ihn danach, und er wird zum ersten Male selbst mit diesem Gedanken in Berührung gebracht. Er regt auch ihn selbst zum Nachdenken an.

- Wir müssen festlegen, wie Franz spricht; welche Worte er gebraucht, wie er seine Sätze baut.
- Wir müssen uns schließlich klarmachen, was für eine Art von Gespräch hier stattfinden soll. Ist es eine Art Verhör? Ist es eine Art von liebevollem Verhör? Mehr ein Bitten um Auskunft? Ist es ein gleichsam aufdeckendes, entdeckendes Gespräch? Ist nicht dann das Gespräch ein Symbol für die ganze Geschichte, vor allem für das Verhalten des Großvaters? Erfahren wir durch das Gespräch vielleicht,

was Gerechtigkeit als Tugend für ein Verhalten ist und voraussetzt?

Wir geben hier den möglichen Anfang des Dialogs wieder:

Mutter: Du hast dir ja die Hände aufgeschürft? Zeig mal, ganz blutige Striemen. Wo warst du denn heute wieder?
Franz: Im Dickicht, hinter dem Rabensee.
Mutter: Wo die dichten Büsche stehen?
Franz: Ja.
Mutter: Als ich so alt war wie du, wäre ich dort nicht hin. Ich wäre vor Angst gestorben. Wo doch dort der Bilgan, das Ungeheuer, haust.
Franz: Glaubst du das wirklich?
Mutter: Du etwa nicht?
Franz: Da war kein Riese. Ich habe sogar nach ihm gerufen. Ist nicht gekommen. War nicht da. Ich glaube nur, was ich sehe. Fall auf keinen Schwindel herein.
...

Was erreichen wir mit dieser Übung?
– Der Schüler lernt ohne langwierige theoretische Erörterung die inhaltlichen und formalen Strukturmomente des Dialoges in praxi kennen.
– Er dringt in den Text ein, vermittels einer kontrastiven Textsemantik.
– Er charakterisiert, ohne eine Charakteristik im formalen Sinne zu schreiben.

Umformung eines berichtenden Textteils in eine szenische Darstellung

Text:
„... und er suchte aus seiner Tasche Kieselsteine, die er immer bei sich trug, um mit der Schleuder nach den Spatzen zu schießen, die an den Kohlpflanzen seiner Mutter herumpickten ...“

Zuerst müssen wir uns darüber verständigen, was diese szenische Darstellung im Hinblick auf die Charakterisierung des Großvaters leisten soll:
– Die szenische Darstellung soll uns das Verhalten des Großvaters näherbringen, indem wir dieses Verhalten noch lebhafter und unmittelbarer miterleben.
– Der Großvater ist verantwortungsbewußt. Er macht sich Gedanken darüber, was er zum Lebensunterhalt der Familie beitragen muß – auch und gerade in kleinsten Dingen.
– Der Großvater tut das Notwendige, auch wenn er es nicht gern tut. Es ist nicht seine Sache, Tiere zu töten, aber wenn es um die Interessen der Familie geht, muß man auch Unangenehmes tun.
– Der Großvater handelt überlegt, er legt sich nicht einfach irgendwo hin, sondern sucht sich den geeigneten Ort aus.
– Der Großvater handelt vorausschauend, er trägt die Kieselsteine immer bei sich – wie auch die Schleuder –, um im richtigen Augenblick handeln zu können. Die Spatzen warten nicht, bis er sich erst nach Steinen gebückt hat.
– Der Großvater denkt viel, spricht wenig. Also wird die szenische Darstellung wohl auch innere Handlung als äußere darstellen müssen. Wie kann man dies anfangen?

Umformung:
Hinter der Hütte hat die Mutter Kohlpflanzen angelegt. Kohl mit ein wenig Speck – das ist ein Festessen für die ganze Familie. Es ist Samstag, und die Mutter steht am Fenster und schaut hinaus, ob wohl genug Kohl für den Sonntag da ist.
Sie sieht ihren Ältesten und muß ein wenig lachen. Er sitzt auf einem Baum bei der Kohlanpflanzung, aber nicht bequem, sondern ziemlich gefährlich, der Ast könnte brechen, die Füße hängen frei in die Luft. Die Mutter sieht sein Gesicht. Es ist voller Spannung. Er hat die Schleuder hoch vor die Brust gehoben, gespannt, schaut scharf über den gespannten Gummi auf die Kohlpflanzen ...

*Umformung einer szenischen Darstellung in einen Bericht**

Text:
„Und als die Baleks von Bilgan nach der Messe die Kirche wieder verließen, gingen sie durch ein Spa-

* Vgl. Kap. 2.3

lier stummer, blasser Gesichter. Die junge Frau Balek von Bilgan aber blieb vorne bei den Kinderbänken stehen, suchte das Gesicht meines Großvaters Franz Brücher und fragte ihn in der Kirche: „Warum hast du den Kaffee für deine Mutter nicht mitgenommen?“ Und mein Großvater stand auf und sagte: „Weil Sie mir noch so viel Geld schulden, wie fünf Kilo Kaffee kosten“, und er zog die fünf Kieselsteine aus seiner Tasche, hielt sie der jungen Frau hin und sagte: „So viel, fünfeinhalb Deka, fehlen auf ein halbes Kilo an der Gerechtigkeit.“ Und noch ehe die Frau etwas sagen konnte, stimmten die Männer und Frauen in der Kirche das Lied an: „Gerechtigkeit auf Erden, o Herr, hat Dich getötet...“

Wir müssen uns, bevor wir umformen, über einige Charakteristika des Berichtes verständigen.

- Der Bericht nimmt dem bewegenden und mitreißenden Text des Originales eben dieses unmittelbar Bewegende und unmittelbar Mitreißende; er distanziert und objektiviert.
- Eben darum ist er eine wichtige Übung, denn er verlangt den Gebrauch des zusammenfassenden, begrifflich bestimmten Substantivs, des allgemeineren Verbums, des näher bestimmenden Adjektivs, des Grund-Folge-Zusammenhanges (wie die Inhaltsangabe), vor allem aber des temporalen Zusammenhanges.

Umformung:
Die Baleks verließen immer als erste die Kirche, das war so seit Menschengedenken. Sie waren die reichste Familie der Gegend; fast alle Leute verdankten ihnen Arbeit und Brot. Weil sie vom Kaiser geadelt worden waren, schenkten die Baleks zu Neujahr 1900 jeder der Familien, die in ihrem Unternehmen arbeiteten, ein Viertelpfund Kaffee. Zur Verwunderung von Frau Balek hatte eine Familie, die Familie Brücher, ihr Geschenk nicht abgeholt. Als die Familie Balek am Neujahrstag die Kirche verließ, nutzte Frau Balek die Gelegenheit, ihrer Verwunderung öffentlich Ausdruck zu geben. Sie trat auf den ältesten Sohn der Familie Brücher zu und fragte, warum er den Kaffee nicht abgeholt habe...

*Umformung von Erzählpassagen in journalistische Textsorten**

Die Umformungen, welche wir in bezug auf die Erzählung von Heinrich Böll vorschlagen, könnten Teil einer Unterrichtseinheit mit dem Thema „Ist Gewalt ein geeignetes Mittel, zu seinem Recht zu kommen?“ sein. Will man das Besprechen der Böll-Erzählung mit dem Üben journalistischer Textsorten verbinden, wird man den Text von vornherein unter bestimmten inhaltlichen Gesichtspunkten erarbeiten. Folgende Unterrichtsschritte ergeben sich dann:

- *Präsentation des Textes*
- *Besprechung des Aufbaues:*

  Die Zustände vor der Tat des Großvaters

  Die Tat des Großvaters. Er prüft die Waage der Baleks, er entdeckt, daß sie falsch wiegt, er läßt von Honig nachprüfen, er weiß sich im Recht, er handelt mit allen seinen Leidensgefährten

  Die Folgen, welche die Tat des Großvaters für ihn, seine Familie, die ganze Dorfbevölkerung hat

- *Besprechung der Problematik nach den folgenden Gesichtspunkten:*
  (a) Bittere Armut auf der Seite der Dorfbevölkerung
  (b) Selbsthilfe durch Prüfen, Entdecken, Nachprüfen, durch Aufklären
  (c) Selbsthilfe durch Einbruch und Diebstahl
  (d) Selbsthilfe – nun auf seiten der Baleks – durch Gewalt

Diese Problemlage gibt uns nun die Grundlage für die folgenden Umformungen. Wir formen um:

- das Eindringen der Gendarmen in die Stube des Urgroßvaters, ihr Schießen und Stechen

* Vgl. Kap. 2.4

– das Zurückholen der Waage und des Buches
– die Ermordung der Schwester des Großvaters, die kleine Ludmilla, wird getötet
– einige Männer werden verletzt
– ein Gendarm wird von Wilhelm Vohla erstochen

Wir formen diese Passage um in
– eine Meldung
– eine Nachricht
– einen Kommentar

einer Zeitung, die wir selber redigieren, deren Standpunkt wir also selbst zu bestimmen vermögen.

Dabei entsteht die Frage, wie Meldung und Nachricht sprachlich gefaßt sein müssen, damit sie nur die objektivierbaren Tatbestände, aber nicht Meinungen und Wertungen wiedergeben, ferner auch, welche Funktion in diesem Falle der Kommentar hat. Man wird davon ausgehen müssen, daß es in jener Zeit keine unabhängige Presse gegeben hat. Also kann man einen pro-balek'schen Kommentar der Staatspresse verfassen lassen und einen Brief, etwa des Apothekers Honig an einen Freund, welchen man wie einen Kommentar gestalten läßt. So wird dann auch zugleich die Pressefreiheit und die Funktion des Kommentars in einer freien Presse zum Thema.

Vorschlag für eine längerfristige Unterrichtseinheit

Zum Abschluß dieses Kapitels sei das Gerüst einer Unterrichtseinheit zusammengestellt, das die Textsorte Inhaltsangabe funktional einbezieht. Das Thema lautet: „Ist Gewalt ein geeignetes Mittel, zu seinem Recht zu kommen?“

(1) Die Schüler machen sich während einiger Tage in der großen Pause Notizen: Wie geht es bei uns in der Schule auf den Gängen, im Hof, auf den Treppen, in den Klassenzimmern, wenn kein Lehrer in der Nähe ist, zu? Eine Gruppe verfaßt auf der Grundlage dieser Notizen szenische Darstellungen, nachdem zuvor die eine oder andere Szene nachgespielt wurde.

Eine andere Gruppe befragt einige der Kampfhähne, die entdeckt worden sind, um was es geht, warum es zu dieser Rauferei, zu jener Schlägerei gekommen ist. Es zeigt sich, daß die meisten durchaus Gründe haben und sie auch kennen und bezeichnen können. Eine Zusammenstellung ergibt erste Einsichten: Rivalität, Ehrgeiz, Antipathien, Vorteil wahren.

Es werden die Fragen diskutiert: Was halten die Schüler für ihr „Recht“? – Wie wollen sie zu ihrem Recht kommen? – Welche anderen Wege könnte man beschreiten?

(2) Es wird ein Bericht gelesen, der von einem Fußballspiel im Fernsehen unter den Gesichtspunkten angefertigt wurde:

Wie kommen die Spieler zu ihrem „Recht“? Worauf haben sie ein Recht?

Gleichzeitig wird der Begriff „Foul“ geklärt. Was heißt „Foul“? (Schlage in einem Regelbuch nach!)

Wie werden Fouls von dem Schiedsrichter geahndet?

Nach diesen beiden Unterrichtsphasen ist eine erste Problematisierung von „Gewalt“ und „Recht“ und ihrem Zusammenhang gegeben. Es ist den Schülern deutlich geworden, daß „mein Recht“ nicht „mein Vorteil“ ist, sondern das, was mir aufgrund von Gesetzen und Regeln, die für alle in gleicher Weise gelten, zusteht; daß Gewalt nicht die rechte Weise ist, zu „meinem Recht“ zu kommen, weil sie immer Unrecht verursacht.

Wer von den Schülern am Fußball kein Interesse hat, der schaut sich eine der vielen Episoden eines Fernsehkrimis an und beantwortet die Fragen:

Welches „Recht“, welche „Rechte“ haben auch die als Verbrecher überführten Männer und Frauen, die ihren Vorteil mit Gewalt zu erreichen versuchen?

Welche „Rechte" haben die von ihnen geschädigten Menschen?

(3) Im Anschluß lesen wir eine Reihe von Balladen zu diesem Themenbereich „Recht und Gewalt". Geeignet sind Friedrich Schiller, Die Kraniche des Ibykus – C.F. Meyer, Die Füße im Feuer.

(4) Wir verknüpfen diese thematischen Unterrichtsziele mit der Übung im Gebrauch der Inhaltsangabe.

- Im Anschluß an die Lektüre der Balladen fügen wir eine Stunde an, in welcher wir die Inhaltsangabe als Textsorte einführen. *(Einführungsphase)*
  Eine ausgezeichnete Einführung bietet das Sprachbuch Verstehen und Gestalten (Hrsg. R. Hirschenauer), 7. Schuljahr, S. 48ff. (Oldenbourg Verlag)
- Unter Umständen wird es notwendig, die Adverbialsätze zu wiederholen, die es ermöglichen, Grund-Folge-Zusammenhänge auszudrücken.
- Im Anschluß verfaßt ein Schüler – als Hausaufgabe – eine Inhaltsangabe einer der vorher behandelten Balladen. Sie wird hektographiert und den Schülern vorgelegt. Eine erste Zusammenstellung möglicher Fehler beim Verfassen von Inhaltsangaben entsteht.
- Inzwischen haben die Schüler Gerichtsberichte aus der Zeitung gesammelt und daraus ein Textcorpus zusammengestellt. Sie fertigen Inhaltsangaben. Andere verfassen Inhaltsangaben von Fernseh-Krimis. *(Übungsphase + Kontrollphase)*
- Wieder wird eine dieser Inhaltsangaben

Aufbau-Schema

Wie es den Dorfbewohnern vor der Tat des Großvaters erging	Wie der Großvater das große Unrecht der Baleks entdeckte	Wie es den Dorfbewohnern, besonders der Familie Brücher, nach der Entdeckung des Großvaters erging; was sich verändert hat
	Gertrud muß neue Bonbons holen Großvater ist allein Er ahnte manches Er beobachtet gut Er prüft die Waage selbst Er entdeckt das falsche Gewicht Er berechnet, wie groß das fehlende Gewicht ist Er nimmt die Kieselsteine als Beleg und Beweis mit Er zieht aus seiner Entdeckung Folgerungen: Er handelt mit dem Ziel, das Unrecht gutzumachen, Gerechtigkeit zu verwirklichen Er läßt die fünf Kieselsteine exakt nachwiegen (Apotheke) Er unterrichtet die anderen Dörfler (Aufklärung) und so fort . . .	

vervielfältigt und mit dem Originaltext verglichen. *(Kontroll- und Korrekturphase)*

- Nun lesen wir die Erzählung ‚Die Waage der Baleks', und zwar unter dem Gesichtspunkt: Wie kommt der Großvater zu seinem Recht? (Welches Unrecht müssen er und seine Familie und alle Dorfbewohner erleiden? – Wie entdeckt er sein Recht? – Wie versucht er, sein Recht auch wirklich zu erlangen?)

Den Schwerpunkt der Besprechung bildet der Aufbau der Erzählung und die kausale Verknüpfung der einzelnen Handlungsteile. Im Zusammenhang mit der zu übenden Textsorte muß der Mittelteil der Erzählung (die Entdeckung des kleinen Franz Brüchers) mit seinen einzelnen Handlungsschritten besonders sorgfältig erarbeitet werden.

Dieses Schema gibt dem Schüler einen Überblick über den Gesamtzusammenhang der Erzählung, den er benötigt, wenn er die vom thematischen Zusammenhang geforderte Aufgabe der Inhaltsangabe bewältigen soll. Aus dieser Beachtung des thematischen Zusammenhanges ist auch der Mittelteil der Erzählung besonders differenziert worden.

Es wird ihm also die Aufgabe gestellt, von dem mittleren Teil der Erzählung eine Inhaltsangabe anzufertigen. Dabei soll er besonders den Zusammenhang von Grund und Folge herausarbeiten. Da er die dazu nötigen Informationen aus der Besprechung und der Skizze des Aufbaus kennt, wird er notwendig – durch die Struktur der Inhaltsangabe geleitet – den wesentlichen Sinn des Vorganges selbst herausarbeiten und selbst entdecken. Er wird entdecken, daß der Großvater durch ein wissenschaftliches Verhalten, das heißt ein nüchtern-unbestechliches, an Tatsachen sich orientierendes Verhalten seine Entdekkung machen kann, also durch

- Vermuten
- Beobachten
- Experimentieren (prüfen)
- daraus folgend: Entdecken
- Beweisen

die Ungerechtigkeit der Baleks entlarvt und daß er ein seiner Einsicht gemäßes politisches Verhalten anschließt, nämlich durch

- Nachprüfen durch berufene Instanz (Apotheker)
- Erzielen einer belegbaren Genauigkeit
- durch Aufsichnehmen von Strapazen und Gefahr
- durch Überzeugung der anderen Dörfler
- durch Zivilcourage.

(Gebrauchsphase)

Vermittels der Inhaltsangabe lernt der Schüler so die demokratische Form der Rechtsdurchsetzung kennen, nämlich die der gewaltlosen Überzeugung.

2 Wir erfassen Gegenwärtiges und Gewesenes

Einführung

In diesem Bereich geht es um Textsorten, mit deren Hilfe der Schüler sich der Sachen, der Sachverhalte, der Ereignisse, die ihm begegnen, sprachlich bemächtigen kann. In älteren Sprachbüchern hat man in diesem Zusammenhang meist nur Gegenstände, genauer Gebrauchsdinge wie Streichholzschachtel, Fahrrad usw. als Übungsgegenstand gelten lassen. Gegen diese Sicht läßt sich einiges einwenden. So wichtig es ist, daß der Schüler lernt, eine Sache systematisch zu beschreiben, so wichtig ist es auf dieser Klassenstufe noch, daß wir die Art berücksichtigen, wie er diese Sachen erfährt. Die abstrakte unplastische, gestaltarme Leere der Situation, in welche die Gegenstände, die sprachlich zu vergegenwärtigen sind, gestellt sind, ist dem Schüler nicht gemäß. Der Schüler erlebt sie, erfährt sie, nimmt sie wahr aus subjektiven Positionen, unter relativierenden Aspekten usw., also unter Bedingungen, die er sich erst bewußtmachen muß und auch mit Hilfe des Schreibens bewußtmachen kann. Die isolierte Nur-Gegenstandsbeschreibung erfordert die Fähigkeit der Abstraktion vom lebendigen und lebhaft wirkenden Kon-Text, und geht damit an der Erfassungs- und Vergegenwärtigungsweise der Schüler vorbei.

Die subjektiven Bedingungen des Erfassens dürfen in die sprachliche Erfassung des Gegenstandes, des Sachverhaltes mit eingehen. Eine Reduktion auf nur objektive Erfassung kann erst in späteren Schritten erfolgen.

Man hat in älteren Lehrbüchern auch zwischen Beschreibung und Schilderung unterschieden:

„Alle Gegenstände können wir sowohl beschreiben als auch schildern. Wenn wir Gegenstände *beschreiben*, beschäftigen wir uns mit dem *Was*. Wir treffen sachliche Feststellungen. Wir verwenden das klärende, kennzeichnende, unterscheidende Adjektiv, das treffende Verb, den klaren, durchsichtigen Bau der Sätze. – Wenn wir *schildern*, beeindruckt uns das *Wie*. Wir nehmen das Bild des Geschauten und Empfundenen so, daß der Leser das Erleben nachvollziehen kann. Das einstimmende Adjektiv, das beseelte Verb, die Metapher und der Vergleich sind unsere Sprachmittel. Die Sätze sind dem Schauen und Empfinden genau angepaßt, der Rhythmus und die Melodie sind bewegt und verhalten."*

Diese Unterscheidung zwischen Schilderung und Beschreibung ist zwar sehr gängig und geläufig, aber zu starr. Die Trennungslinie zwischen beiden Textsorten ist nicht so eindeutig zu ziehen, wie diese Definition glauben machen will. Die Beschreibung kommt durchaus nicht ohne den Vergleich aus, genauso wenig, wie die Schilderung auf Sachlichkeit und ihr gemäßer Begrifflichkeit verzichten kann.

Ein geeigneteres Klassifikationssystem für diese Textsorten, die der Erfassung der Wirklichkeit dienen, ist unserer Meinung nach vorgegeben durch die verschiedenen Erfassensweisen und -möglichkeiten der Realität. Wir können unterscheiden zwischen dem Erfassen von Bewegtem und Ruhendem, von Gegenwärtigem und Vergangenem. Dies sind die elementarsten und ersten Unterscheidungen in der Wahrnehmungswelt des Schülers.

---

* Verstehen und Gestalten, Deutsches Sprachbuch für Gymnasien, Band 4, Oldenbourg Verlag München, 5. Auflage 1974, S. 22.

Eine Klassifikation nach Textsorten ergibt sich, je nachdem, welcher Erfassungsaspekt dominiert.
Herrscht der Aspekt des Bewegten, sprechen wir von szenischer Darstellung; herrscht der Aspekt des Ruhenden vor, von Beschreibung. In den journalistischen Textsorten dominiert das Gegenwärtige, wohingegen im Bericht das Vergangene erfaßt wird.

2.1 Wir erfassen Bewegtes

Die szenische Darstellung als Textstruktur

Wenn wir eine Situation sprachlich erfassen wollen, stützen wir uns auf die Art, wie sie sich in unserem Bewußtsein aufgrund unserer Wahrnehmungstätigkeit vergegenwärtigt. Dabei sind zwei Aspekte beteiligt, der Aspekt des Bestehenden und der Aspekt des Wechselnden.
Der Aspekt des Bestehenden erfaßt das Gleichbleibende, das Beharrliche, das Unveränderte einer Situation; bei der Darstellung eines Fußballspieles also alles, was beharrt, das Stadion, die Spielregeln, Spieler, Schiedsrichter, Zuschauer. – Der Aspekt des Wechsels erfaßt alles, was sich in der gegebenen Situation verändert, die Bewegungen der Spieler, des Schiedsrichters, der Zuschauer, des Wetters, des Balles usf.
Mit diesen beiden Aspekten verknüpft sich der Darstellungsaspekt, es ist der Aspekt des Augenzeugen, der vor allem in der Reportage eine wichtige Rolle spielt. Das erfassende Subjekt ist an der Situation entweder in der Weise mitbeteiligt, daß es sich zu ihr zugehörig fühlt und mitspielt, mitdenkt, mitschreit, mitbeurteilt, mitwertet, sich miterregt, manchmal stellvertretend für den Zuschauer, der nicht Augenzeuge ist, – oder daß es sich in eine gewisse Distanz der Situation bringt, sie als unbeteiligter Zuschauer wahrzunehmen und sprachlich zu erfassen sich bemüht.
Mit diesen drei Aspekten haben wir im wesentlichen das *Was* und das *Wie* der Erfassung bestimmt; es fehlt noch das *Wozu*, das heißt: der Aspekt des Adressaten. Es ist klar, daß der Adressat konstitutiv ist für die Texterstellung.
Die szenische Darstellung (die Reportage ist ein Sonderfall, vgl. Seite 57) erfaßt die aktuelle Gegenwärtigkeit einer Situation, sie erfaßt vor allem und vornehmlich die Wechselvorgänge in der Situation, solange die Situation andauert.
Eine besondere Rolle spielt in diesem Zusammenhang die Wechselgeschwindigkeit. Eine hohe Wechselgeschwindigkeit hat zum Beispiel der sportliche Wettkampf, am deutlichsten das Fußballspiel, denn die Wechsel folgen in schnellem Tempo aufeinander, so daß die Erfassung gleichsam außer Atem kommt, den konventionell-korrekten Satzbau zugunsten eines mehr elliptischen Duktus aufgibt (besonders in der Reportage), sonst aber die Sätze kürzt und reiht. Eine langsame Wechselgeschwindigkeit dagegen läßt Zeit für ein stark gegliedertes, die Redeteile, die Satzglieder und Gliedsätze ausbauendes Satzfüge.
Zunächst seien einige Beispiele für erlebte Situationen gegeben, die als Anlässe für szenische Darstellungen dienen können:

- Der Blitz – das Gewitter – der Wasserfall – der Sturm anläßlich einer Wanderung, bei einer Schiffsfahrt
- der 100-m-Lauf (als ich Erster wurde) – das Fußballspiel (als wir 3 : 0 über die Parallelklasse siegten) – der Flug des Drachenfliegers (den ich in den Ferien beobachtete und der einen heftigen Streit mit meinen Eltern auslöste, ob auch ich anfangen dürfte, Drachen zu fliegen) – der Boxkampf (den zu sehen mein Vater und ich nachts um vier aufstanden) – das Kidnap-

ping (das ich im Fernsehen verfolgte, von dem ich die Bilder, die in Zeitschriften und Zeitungen gebracht wurden, sammelte und auch alle Berichte, die darüber geschrieben wurden, weil ich mit einigen Freunden aus meiner Klasse einmal ein solches Kidnapping in der Schule nachspielen wollte)

– die Geschichte eines Mannes (der mir sehr imponiert hat, als ich zum ersten Male von ihm hörte, es war in der siebten Klasse im Geschichtsunterricht: Heinrich Schliemann, der heimlich in aller Eile einen Goldschatz ausgräbt...)

Aus diesen Beispielen erkennen wir, daß die szenischen Darstellungen zur Geschichte, zur geschlossenen Handlung drängen, die ihnen einen Zusammenhang mit der Erlebnis- und Erfahrungswelt der Schüler gibt. In was für Geschichten sollen diese Anlässe eingebracht werden? Das hängt zum großen Teil ab von den tatsächlichen Ereignissen in unserer Umgebung, die wir selbst miterlebt haben. Es läßt sich jedoch auch zu kleinen, alltäglichen Ereignissen ein entsprechender Kontext erfinden.
Wie sich aus einem ganz alltäglichen Vorgang eine solche kleine Geschichte entfalten läßt, soll im folgenden kurz erläutert werden. Ausgangspunkt ist eine Mini-Geschichte, die ohne jede Gestaltungsintention aufgeschrieben wurde:

Ein Junge läßt sein selbstgebasteltes Papierschiffchen in einem Brunnen zu Wasser, aber es versinkt. Der Junge weint.

Wir zerlegen die Geschichte zunächst in Handlungsphasen. Dafür eignet sich vor allem die Dreierstruktur.

(1) *Zerlegen*

(a) Der Junge trägt sein Papierschiffchen zum Brunnen.

(b) Der Junge läßt es zu Wasser.

(ba) Er stellt sich auf die Zehen und schaut in den Brunnen.

(bb) Er streckt den Arm mit dem Schiffchen weit vor und senkt das Schiffchen langsam auf die Wasserfläche,

(ba) Das Schiffchen wird einen Augenblick lang von dem Wasser getragen, dann legt es sich langsam auf die Seite.

(bd) Mit großem Auge sieht der Junge, wie das Wasser in dem Papier hochsteigt und wie der Schiffsrumpf tiefer und tiefer sinkt.

(be) Er will es zuerst gar nicht wahrhaben, es fällt ihm schwer, sich mit dem Scheitern des Stapellaufes abzufinden.

(c) Tränen treten in die Augen des Jungen. Er dreht sich um und geht hängenden Kopfes davon.

Wir können nun diesen Text noch weiter ausarbeiten, indem wir die Handlungsphase (b) weiter inszenieren. Einige Möglichkeiten der Ausarbeitung seien angemerkt:

(2) *Wechselgeschwindigkeit berücksichtigen*

– Längen und Fügen
Wir erweitern nach dem Satz (bb) mit folgenden Sätzen:

(bba) Er zieht den Arm mit dem Schiffchen noch einmal zurück.

(bbb) Er setzt zum zweiten Male an und setzt das Schiffchen vorsichtig auf die Wasserfläche.

(bbc) Er läßt es nicht sofort los, sondern hält es noch einen Augenblick fest. Endlich hat er das Gefühl, daß das Schiffchen schwimmen kann.

(bbd) Er läßt es los, richtet sich auf und schaut gespannt auf das Schiffchen.

– Kürzen und Reihen
Hätten wir eine Geschichte mit einer größeren Wechselgeschwindigkeit, so würden wir kürzen und reihen.

(3) *Versinnlichen*

Es kommt nun darauf an, daß der Leser etwas sieht und hört und auch empfindet und fühlt. Dies wäre hier zu leisten bei dem Papierschiffchen und bei dem Wasser des Brunnens.

Wir fügen zu diesem Zweck in den Sätzen, in welchen diese Wörter oder Stellvertreter vorkommen, Attribute an (Adjektive, Attributsätze, Appositionen usf.) oder fügen neue Sätze hinzu.

Zu Satz (a):

Der Junge trug sein selbstgebasteltes Papierschiffchen zum Brunnen. Sein Rumpf war blau und rot bemalt, sein Segel glänzte schneeweiß. Obenauf saß eine tiefschwarze Flagge.

Zu Satz (b):

Der Junge läßt es in das in der Sonne glitzernde Wasser.

Oder zusätzlich:

Das Wasser des Brunnens glitzerte in der Sonne. Seine Oberfläche war leicht bewegt, denn der Strahl des Wassers traf spritzend auf die Fläche und kräuselte das Wasser.

(4) *Verkörpern*

Eine weitere Veranschaulichung wäre das Verkörpern. Von dem Brunnen vor allem müssen wir eine deutlichere Vorstellung erhalten. Der Brunnen besteht aus einer großen Schale, einem Brunnenpfahl, aus dem die Röhre hervortritt. Die Schale hat eine gewölbte Form, ist aus einem grauen Stein, glatt poliert...

(5) *Lokalisieren/Temporalisieren*

Aber selbstverständlich muß der Brunnen an irgendeinem Ort stehen. Vielleicht in der Stadt, in einem Park, auf einem von hohen Bäumen umstandenen Platz, wo es still ist, wo nicht allzu viele Leute zuschauen können...

Der Junge kommt am frühen Nachmittag. Er hat nur schnell das Mittagessen hinuntergeschlungen und ist dann gleich mit dem Schiffchen losgerannt. Aber das ganze Vergnügen dauert ja leider nicht lange.

(6) *Charakterisieren*

Es muß auch der Junge näher vorgestellt werden. Wie er aussieht, das wollen wir schon wissen. Nicht so wichtig ist, was er anhat. Aber was er für ein Gesicht macht, wenn er auf den Brunnen zurennt und was er für eines macht, wenn er wieder abgeht, das zu wissen, wäre interessant.

(7) *Motivieren*

Der Junge muß Motive gehabt haben für den Bau des Schiffes. Viele Gründe sind denkbar. Die Schüler sollen sich dazu Gedanken machen. Vielleicht hat er eine Bastelanleitung ausgeführt und will nun wissen, ob er alles richtig gemacht hat. Vielleicht wollte er jemanden nachmachen, den er bei Papierfaltarbeiten beobachtet hatte.

(8) *Sozialisieren und personalisieren*

Eine solche Geschichte spielt sich nicht in einem luftleeren Raume ab, sie ereignet sich in sozialen Verhältnissen, die sie beeinflussen, sie geschieht im Zusammenspiel oder in der Auseinandersetzung von Personen. Bringen wir zu einem Handlungsablauf eine andere Person hinzu, so ergeben sich innerhalb unserer Darstellung zusätzliche neue Aspekte.

Diese und andere Überlegungen und sprachliche Gestaltungsübungen haben alle den einen Zweck, ein komplexes Geschehen gleichsam zu zerlegen und dadurch übersichtlich, in seinen Abläufen durchschaubar und darstellbar zu machen.

(9) *Erfinden*

Die höchste Form dieser Arbeitsweise ist das selbständige Erfinden von Geschichten. Dazu müssen wir zuerst alle Mitspieler und alle Requisiten zusammenstellen und dann Handlungsmöglichkeiten ausprobieren und uns schließlich für welche entscheiden. Dieses Spiel mit Möglichkeiten der Vergegenwärtigung einer Geschichte nennen wir Erfindung, denn damit erzeugen wir eine Handlung, die es ohne uns nicht geben würde und die es vielleicht noch nie gegeben hat, obgleich sie in der Wirklichkeit tatsächlich stattfinden könnte.

Die szenische Darstellung im Unterricht

Die szenische Darstellung ist nicht eine eigene Textsorte, sondern, wie schon bemerkt, eine Textstruktur von außerordentlicher pädagogischer Fruchtbarkeit.
Die szenische Darstellung sollte als mündliche Übung begonnen werden und immer wieder geübt werden; zur schriftlichen Fixierung gehen wir sukzessive über.
Was setzt sie voraus, was muß geübt werden, um sie zu beherrschen? Zuerst und vor allem das gezielte Wahrnehmen, das heißt Wahrnehmen und gleichzeitiges sprachliches Erfassen – denkendes Sprechen und sprechendes Denken –, das permanent Rücksicht nimmt auf die besprochenen vier Aspekte: das Was, das Wie, den Augenzeugen, den Adressaten. Wir üben diese Aspekte, indem wir mit den Schülern einen Ausflug in die nähere Umgebung machen und dabei alles besprechen, was sich da darbietet: der Verkehr an der Kreuzung, das Verhalten der Passanten, des Polizisten, der Klasse, die auf dem angrenzenden Sportareal Fußball oder Volleyball spielt, das Anhalten und Abfahren der Straßenbahn, das Aussteigen, das Einsteigen, das Warten, die Vorgänge auf dem Pausenhof während der Großen Pause – manches bietet sich an.
Es ist natürlich auch möglich, etwas Ruhendes dadurch zu etwas Bewegtem zu machen, daß man den Augenzeugen in Bewegung setzt und seine Bewegung zum Vehikel der Darstellung macht. Hier werden szenische Darstellungen möglich wie:
Wie ich auf der Achterbahn fuhr – wie ich beinahe ertrunken wäre – wie ich einmal einen kleinen Jungen vor dem Ertrinken rettete – wie ich den Fahrtenschwimmer machte – wie ich das Bergwerk im Deutschen Museum in München durchforschte – wie ich mein erstes chemisches Experiment machte – wie ich Angst hatte – wie ich im Traume mich vor Schlangen fürchtete.
Diese als Erlebniserzählung bekannte und heutzutage nicht sehr gut angesehene Textsorte wird hier als Textstruktur rational zu bewältigen und hilft dem Schüler, seine komplexen Erlebnisse rational zu bewältigen, indem er sie nach den genannten Aspekten differenziert.
Der Schüler hat Anspruch auf Subjektivität; er muß seine subjektiven Erlebnisse mit einbringen dürfen, weil nur auf diese Weise eine Objektivierung und damit eine rationale Verarbeitung möglich ist.
Wie aber kann die szenische Darstellung im Unterricht weiterhin eingesetzt werden? Dies wird deutlich, wenn wir uns klarmachen, daß die szenische Darstellung alles Bewegte – und, wie wir gesehen haben, auch manches Ruhende – situativ, d.h. szenisch versinnlicht. Deshalb ist sie ein wichtiges Mittel, um zu erreichen, was man sonst die Verlebendigung und Veranschaulichung einer Erzählung nennt.
Erinnern wir unsere Schüler doch daran, daß eines der Hauptlaster und eine der Haupttugenden des Menschen die Neugierde ist. Wir erzählen ihm, der neugierigen Tante, dem neugierigen Großvater, dem neugierigen Freunde, was ihn betrifft, weil es ihm etwas zu sehen, zu hören, zu fühlen, mitzuerleben gibt. Wir lassen ihn teilnehmen, mit dabeisein in einer Situation, die uns aufregend, interessant, spannend, außergewöhnlich erschien, was ja auch dann stattfinden kann, wenn die

äußeren Komponenten der Situation ganz gewöhnlich sind und altbekannt, also die Orte vor allem, die Personen, die Vorgänge. Es gibt eigentlich nichts Gegenwärtiges, was wir nicht situativ lebendig darstellen könnten. Aus diesem Grunde ist die szenische Darstellung auch nicht auf den Deutschunterricht beschränkt, sondern leistet auch im Geschichtsunterricht gute Dienste. Im folgenden seien einige der gängigsten Erzählthemen im Hinblick auf szenische Darstellung genannt (vgl. Tabelle S. 38).

Aber es versteht sich von selbst und muß nichts eigens erwähnt und hervorgehoben werden: auch die Schüler sind neugierig. Und alle sind neugierig auf die spannende Erzählung, und diese ist zweifellos die szenische Darstellung, weil sie das Geschehen, die Handlung am meisten vergegenwärtigt.

Die szenische Darstellung ist zweifellos unterhaltend, und aus eben diesem Grunde sollte in der Schule diese Form des (mündlichen) Erzählens verstärkt gepflegt werden. Warum soll ein Schüler nicht in der Klasse erzählen, wenn er irgend etwas erlebt hat, etwas Aufregendes, Spannendes, Lustiges usw. (er wird es ohnehin in der Pause erzählen)? Der Lehrer muß beachten, daß beim Erzählen, beim Gestalten szenischer Darstellungen, der Dialekt nicht nur erlaubt, sondern geradezu geboten ist. Freies, unbefangenes Erzählen gelingt nur, wenn man reden darf, wie einem der Schnabel gewachsen ist.

Die szenische Darstellung ist im Unterricht auch in Projekten einzusetzen, die auf einer längerfristigen Sammlung von Daten, Beobachtungen, Informationen zu einem Thema von allgemeinem Interesse beruhen. Einige mögliche Themen für Projekte sind:

– *Fahrtbericht*

Eine Klasse unternimmt eine mehrtägige Wanderung. Die Schüler erleben vielfältige Situationen, lernen andere Leute, andere Verhältnisse kennen und erfahren in ihrer Reaktion auf Unbekanntes auch eine Menge über sich selber. Es besteht der Wunsch, sich die wichtigsten Augenblicke der Fahrt, die Überraschungen und die außerordentlichen Begebenheiten in Bild und Wort aufzuzeichnen.

– *Verkehrsverhältnisse in unserer Stadt*

Die Schüler sind vom Verkehr und von Verkehrsproblemen unmittelbar betroffen. Sie sind daher motiviert, sich mit diesem Problembereich eingehender zu befassen.

Die szenische Darstellung ermöglicht es, Zustände an Verkehrsknotenpunkten, an Engpässen (zu bestimmten Tageszeiten, für bestimmte Verkehrsteilnehmer) plastisch einzufangen. Solche szenischen Darstellungen helfen, die Sachverhalte zu klären und erleichtern das sich anschließende Argumentieren und Schlüsseziehen, das Vorschlägemachen und Appellieren usw.

Weitere, weniger umfangreiche Themen können sein
– Volkswandertag
– Turmbesteigung
– Punktespiele des Ortsvereins
– TV-Krimiserie
– TV-Reklame
– Nachtwanderung

Es sei noch die Skizze einer Unterrichtseinheit angefügt, die szenische Darstellungen in den Zusammenhang eines umfassenderen Themas einfügt: „Was kann man alles mit seinem Körper machen?"

Wir nennen nur einige mögliche Verweise auf Unterrichtssequenzen. Teilthemen der Unterrichtseinheit könnten sein:

– Man kann dem Körper Leistungen abverlangen, im Sport, beim Spiel, beim Wandern, beim Klettern, bei allen körperbezogenen Künsten, wie Akrobatik, Tanz usf.
– Man kann ihn pflegen, waschen usf., man kann ihn ernähren, überernähren, dick machen, fett machen, träge machen, faul machen, krank machen (durch Rauchen und Trinken)

Deutsch

Erzählthema	Situationen	Bewegungen
Sportfest	Mathias stößt die Kugel am weitesten Die Staffel der Klasse 8c gewinnt den Staffellauf	Abbücken des Körpers – Drehbewegung des Körpers – Herauswerfen des Stoßarmes – Öffnen der Hand – Flug der Kugel . . .
Schulalltag	Übertretungen der Schulordnung	auf die Umgrenzungsmauern steigen – sich prügeln – auf dem Gang Fußball spielen – in der Toilette rauchen
Schullandheimaufenthalt	Geländespiel	Anschleichen – Erschrecken – Flüstern – Beobachten – Angreifen – Lager stürmen . . .
Lachen	Ein Witz wird erzählt	Rotwerden – Mund öffnen – Augen zu Schlitzen verengen – Mund in die Breite ziehen – Ha-Ha-Laute in einem bestimmten Rhythmus von sich geben . . .

Literarische Themen	Situationen	Bewegungen
Befreiung der Gefangenen in Schillers Tell-Drama	Feste – Verlies – Gefangene	Anrücken der Befreier – Erkundung der Gegner – Aufbrechen des Tores – über Treppen stürmen – Überwältigen der Wächter – Öffnen der Verliese
Aufenthalt in dem Ort, in welchem E. Langgässers Erzählung „Saisonbeginn" spielt	Spaziergang am „Schild" neben dem Kruzifix vorbei	Betrachtung der Stelle – Verwunderung über Zusammenstellung – Gespräch über Bedeutung

Geschichte

Erzählthemen	Situationen	Bewegungen
Aufenthalt eines athenischen Schülers im antiken Alexandria	Hafenrundfahrt – Stadtbesichtigung	
Aufenthalt im Hafen – ausländische Niederlassung einer Hansestadt	Schiffe im Hafen – Kontore und Läger – Schiffsleute	

– Man kann mit der Leistung und der Kunst des Körpers Geld verdienen, bei Sport-Profi-Wettkämpfen (Boxen, Eislaufen), bei Belustigungen auf den Jahrmärkten und im Zirkus als Akrobat (Seiltanzen, Luftspringer, Jongleur, Parterre-Akrobatik)

Aus allen Teilsequenzen lassen sich zahlreiche Themen für szenische Darstellungen ableiten.

Aus der zuletzt genannten Sequenz sei näher vorgestellt die folgende:

„Die Schausteller waren da: Seiltänzer"

– Wir besuchen eine Vorstellung; wir unterhalten uns über die Vorstellung.
– Wir verfassen eine szenische Darstellung (von dem Auftritt des Akrobaten), eine Charakteristik (des Akrobaten) und einen Bericht (von den Arten, mit seinem Körper Geld zu verdienen, die wir auf dem Jahrmarkt entdecken konnten).

Schließlich ist die szenische Darstellung auch ein Hauptkonstituens des Erzählens. Aus diesem Grunde können wir unsere Übungen der szenischen Darstellung auf den Arbeitsbereich Umgang mit Texten anwenden. Denn gerade szenische Darstellungen sind die Methode der erzählerischen Gestaltung von besonders wichtigen Phasen der Handlung. Die Schüler müssen lernen, unterschiedliche Ausführungsgrade der szenischen Darstellung in Erzählungen, Novellen usw. zu erkennen. Das ist ein formales Kriterium, das ihnen bei der Interpretation eines Textganzen gute Dienste leisten wird. Als Beispiel sei nochmals die schon mehrfach erwähnte Geschichte von Böll, Die Waage der Baleks, herangezogen:

– geringer Ausführungsgrad
  „Mein Großvater war der erste, der kühn genug war, die Gerechtigkeit der Baleks zu prüfen!"
– hoher Ausführungsgrad:
  „..., mein Großvater nahm die Kaffeepaketchen, legte sie auf die leere Waagschale, und sein Herz klopfte heftig, als er sah, wie der schwarze Zeiger der Gerechtigkeit links neben dem Strich hängenblieb"
– mittlerer Ausführungsgrad:
  „Mein Großvater war fleißig und klug: Er kroch weiter in den Wald hinein, als vor ihm die Kinder seiner Sippe gekrochen waren, er drang bis in das Dunkel vor, in dem, der Sage nach, Bilgan der Riese hauste..."

Aus dem Ausführungsgrad einer szenischen Darstellung in einer Erzählung lassen sich

– die Höhepunkte
– die Vielfalt der Erzählmittel
– die Art der Wirklichkeitserfassung des Autors erschließen.

2.2 Wir erfassen Ruhendes

Die Beschreibung als Textstruktur

Im Unterschied zur szenischen Darstellung erfaßt die Beschreibung das Gleichbleibende, Beharrliche und Beständige einer Situation oder eines Sachverhaltes. In der Situation Fußballspiel sind die gleichbleibenden Komponenten das Stadion, die Tribüne, das Spielfeld und seine Beschaffenheit, die Regeln des Spieles, die Personen, wie der Schiedsrichter, die Linienrichter und die Spieler, auch die Zuschauer und andere Helfer. Bei der szenischen Darstellung werden die nicht veränderlichen Komponenten vernachlässigt, sie bilden lediglich den Rahmen für die Vorgänge, bei der Beschreibung dagegen werden die Wechselprozesse vernachlässigt. In dieser unterschiedlichen Akzentuierung unterscheiden sich diese beiden Textstrukturen, welche, um es zu wiederholen, nicht eigentlich eigene Textsorten, sondern Schreibweisen sind, welche in zahlreichen anderen Textsorten vorkommen, und sehr oft eben auch zusammen, indem sie einander wechselseitig bedingen. Vor allem ist die Erzählung ohne diese beiden Schreibweisen nicht möglich.

Mit der Beschreibung tritt aber nun eine neue Aufgabe auf, nämlich die Gliederung. Bei der szenischen Darstellung hatte sich das Problem noch nicht in der Weise gestellt: die Gliederung der szenischen Darstellung wird vorgegeben durch das darzustellende Ereignis.

Wir müssen beschreibende Texte gliedern, weil eine Situation, ein Sachverhalt aus einer zunächst ungegliederten Mannigfaltigkeit einzelner Merkmale, einzelner Momente oder Informationen besteht, welche ihrerseits wiederum aus einer solchen Mannigfaltigkeit bestehen können. So ist Gliederung immer die Aufgabe der Verbindung einzelner Merkmale zu einer Einheit.

Damit verknüpft ist die Unterscheidung von Allgemeinheit und Besonderheit und ihrer wechselseitigen Beziehung.

Indem wir beschreiben, erfassen wir Situationen und Sachverhalte mit Begriffen. Begriffe lassen sich unterschiedlich gebrauchen. Dasselbe Wort kann ich sowohl als Bezeichnung der Einheit einer Mannigfaltigkeit oder der Struktur der Wechselbestimmung von Allgemeinheit und Besonderheit gebrauchen, aber auch als Bezeichnung für das jeweilige Ganze der sinnlichen Anschauung. Im letzteren Falle bezeichnet das Wort ein solches Ganzes, nämlich ein Bild.

In der Schreibweise, welche wir die Beschreibung nennen, bin ich entweder überwiegend auf den Gebrauch der Wörter als Bezeichnungen von Begriffen oder überwiegend auf den Gebrauch der Wörter als Bezeichnungen von Bildern gerichtet. Dies ist der eigentliche Grund auch der sonst üblich gewesenen Unterscheidung von Beschreibung und Schilderung. Dabei gibt es fließende Übergänge. Gebrauche ich das Wort „Kirsche“ zum Beispiel als Bezeichnung der Einheit einer Mannigfaltigkeit von Merkmalen und als Allgemeinheit/Besonderheit, so spreche ich von der Kirsche als von einer Klasse von Gegenständen, von der Kirsche als Ware, als Frucht, als Genußmittel, als Rohstoff usf. Gebrauche ich das Wort „Kirsche“ dagegen als Bezeichnung eines Bildes, so beschreibe ich die Kirsche als Moment eines Bildes, ich beschreibe, wie ich sie als Bild wahrnehme, ich spreche von ihrer Rundheit, von ihrer glänzenden Oberfläche, von der Spannung der Haut, oder ich beschreibe, wie ich sie als Moment eines Gesamtbildes wahrnehme, im Baum, im Garten...

Die Elemente, aus welchen wir unsere Beschreibung zusammensetzen, können entweder abstrakter oder konkreter Natur sein; je nachdem, welche Elemente vorherrschen, wird eine sachliche oder eine bildliche Beschreibung entstehen. Wir wollen dies an einem Beispiel zu klären versuchen.

Nehmen wir an, wir wollten ein Schwimmbad beschreiben. Das erste, was es zu tun gibt, ist, daß wir im vorhinein festsetzen oder uns sagen lassen, *als was* wir das Schwimmbad beschreiben sollen. Wir können es festsetzen, wenn wir wissen, welchem Zweck die Beschreibung dienen soll; wir müssen es uns sagen lassen, wenn wir nicht wissen, an welchen Adressaten die Beschreibung gerichtet ist und was der Leser aus ihr entnehmen soll.

Wir werden uns mehr auf die Zusammensetzung und Verbindung abstrakter Elemente richten, wenn wir wissen, daß die Beschreibung *sachlich* informieren soll, man sagt oft auch: nüchtern und meint damit, daß der Beschreibung nichts beigemischt sein soll, was in den Bereich der Empfindung, der Gefühle gehört.

Als was können wir das Schwimmbad dann beschreiben:

– als öffentliche Einrichtung
– als technische Konstruktion
– als Sportstätte
– als Anlage der Freizeitgestaltung

– als Posten im Städtischen Haushalt
– als Arbeitsstätte.

Beschreibe ich das Schwimmbad in dieser Weise, so wird in meinem Text die begriffliche Struktur hervortreten, es wird sich bei der Begriffs-Bildung um die Zusammensetzung relativ abstrakter Elemente handeln. – Oder ich beschreibe (schildere) das Schwimmbad

– als den Ort, an welchem ich mich (man sich) in die Sonne und auf den Rasen legt, um sich braun brennen zu lassen,
– als den Ort, an welchem man sich mit Schulfreunden trifft,
– als den Ort, an welchem wir zum ersten Male ein Sprung vom Drei-Meter-Brett geglückt ist,
– als einen Ort, der weit weg ist vom Lärm der Stadt, von Wald umgeben ist, der weite Rasenflächen besitzt, der nie überfüllt ist usf.

Wir sehen, daß die Beschreibung um so mehr Bild-Charakter hat, je mehr sie sich auf sinnlich-konkrete Merkmale stützt.
Sehen wir noch genauer zu. Soll das Schwimmbad als Sportstätte beschrieben werden, so spielen im wesentlichen alle Merkmale eine Rolle, welche die Anlagen eines Schwimmbades aufweisen müssen, wenn sie den Auflagen entsprechen, welche für die regelgerechte Durchführung von Wettkämpfen und für die Sicherung der Badenden erforderlich sind. Es wird beschrieben werden müssen:

– der Sprungturm, dessen Sprungbrett in einer bestimmten Höhe und in einer bestimmten Weise angebracht sein muß
– das Schwimmbecken, das an der Stelle, an welcher die Kunstspringer eintauchen, eine bestimmte Tiefe haben muß und dessen Seitenlängen und Seitenbreiten bestimmte Maße haben müssen, das zur Sicherung bestimmte Einstiegleitern haben muß
– das Wasser, das hygienischen Vorschriften genügen muß
– die Umwälz-Anlage
– die Ausstattung mit Rettungsgeräten ...

Als allgemeine Regel kann gelten, daß, je abstrakter die zu verbindenden Merkmale sind, um so systematischer und enumerativer sich die entstehende Beschreibung ausnehmen wird. Man betrachte unter diesem Aspekt einen Camping-Führer, ein Mineralien- oder Pflanzenbestimmungsbuch.
Die Wahl der A l s - w a s-Bestimmungen oder A l s - w a s-Festsetzungen ist abhängig von den Zwecken, welche wir mit unserer Beschreibung verfolgen, ob wir jemanden nur orientieren wollen oder ob wir ihn beeinflussen wollen. Es ist also die Beschreibung aufgrund ihrer verschiedenen Strukturierungsmöglichkeiten ganz und gar nicht jenes neutrale und adressatenanonyme Gebilde, als welches sie in manchen Sprachbüchern vorgestellt wird.
Nun hat die Verbindung abstrakter Merkmale die Tendenz zur systematischen Vollständigkeit. Sie ist zum Beispiel gefordert bei allen Katalogen. Dagegen ist in den Schreibübungen, welche wir vorhaben, die selektive Information erforderlich. Denn wir wollen adressatenbezogen schreiben, und die Adressaten, an welche wir denken, sind, als konkrete Individuen, meist nicht an vollständigen Überblicken interessiert, sondern an ausgewählten Informationen, die ihnen helfen, ihre spezifischen Bedürfnisse zu befriedigen.
Wir wollen z. B. unsere Tante Inge mit ihren beiden Kindern Petra und Thomas, die sich zwei Wochen lang am Titisee im Schwarzwald aufhalten wollen, mit den Informationen versorgen, welche sie für ihre Zwecke benötigen:

– über Unterkunftsmöglichkeiten (Angebot, Lage, Preise, Zimmergröße, Ausstattung, Bad, Heizung)
– über Bademöglichkeiten (denn die beiden

Kinder sind begeisterte Wassersportler, Schwimmbad, Beckengröße und -tiefe, freie Bademöglichkeiten, Wassertiefe, Wassertemperaturen)

- über Segelmöglichkeiten (denn Petra hat schon mal gesegelt, Boote, Segelschule, räumliche Verhältnisse)
- über Kaffeeterrassen (denn Tante Inge sitzt nachmittags gerne in der Sonne auf eine Café-Terrasse mit schöner Aussicht)
- über Wandermöglichkeiten (Beschaffenheit der Wege, Entfernung der Ziele, Wegzeiten, Aussichten, Schwierigkeiten, Anfahrmöglichkeiten, Waldparkplätze, Kartenmaterial)
- über Wetterlagen (Temperaturen, Regenfälle, Nachtkälte, Mittagstemperaturen, Durchschnittstemperaturen, denn was soll an Kleidung mitgenommen werden)

Zur selektiven Beschreibung gehört mithin die Orientierung an den Bedürfnissen der Adressaten; erst diese entscheiden über die Wahl der erforderlichen Als-was-Festsetzungen.

Beschreibungen solcher Art sind oft nicht gerade aufregend. Die Tante Inge will vielleicht von uns gar nicht eine gut zusammengestellte Sammlung von nützlichen Informationen. Sie möchte vielleicht lieber – oder doch zusätzlich – eine Beschreibung, bei der sie sich etwas bildlich vorstellen kann, die sich auf sinnlich-konkrete Merkmale bezieht, keine sachliche Beschreibung. Befriedigen wir doch ihr Bedürfnis nach Anschauung, und beschreiben wir einmal den Blick, den sie von der Terrasse des Hotels „Abendfrieden" wird auf den See genießen können:

- den See mit seinem silbrig glänzenden, manchmal dunkel schweigendem Wasser, seine tannenbestandenen Ufer,
- den Hintergrund mit seinen dunklen Wäldern und hoch aufsteigenden Bergen, die Kuppe des Feldbergs,
- den Vordergrund mit den weißen, schnittigen Segelbooten, den friedlich tuckernden Aussichtsdampferchen, mit den buntgekleideten Menschen,
- die von vier Pferden gezogene Kutsche, welche unter Hü-Hott den See umfährt,
- die seidige, blaue, weiche, würzige, reine, erfrischende, befreiende, heiter stimmende, fröhlich machende, berauschende Schwarzwaldluft,
- die karge, grau-grüne, schweigend in sich gekehrte, bald offen heitere, bald verschlossen-abweisende Landschaft.

Während es bei der sachlichen Beschreibung um eine systematische Zusammenstellung geht, arbeitet die bildliche Beschreibung assoziierend; zu ihr gehören Kriterien wie

- Perspektiven (der Wahrnehmung),
- Horizonte (Gesichtsfelder),
- Differenziertheit und Gestimmtheit der Wahrnehmung,
- Akzentuierung und Intention,
- Rückbezug auf das wahrnehmend-beschreibende Subjekt.

Beschreiben wir den See auf diese Weise, dann beschreiben wir ihn

- von einer Seite aus (Perspektive) und den damit gegebenen Gesichtsfeldern Vordergrund, Hintergrund, Mittelgrund,
- aus der detailverdeutlichenden Nähe oder aus der die allgemeineren Strukturen zur Sicht bringenden Ferne,
- im groben oder im einzelnen: im groben, indem wir zusammenfassen, raffen, oder im einzelnen, indem wir auseinanderziehen, vereinzeln,
- indem wir Akzente setzen, Stimmungskomponenten hervorheben, Empfindungen verdeutlichen usf.
- indem wir Vergleiche anstellen, das Bild des Titisees mit dem Bilde von Alpenseen oder finnischen Seen vergleichen,
- indem wir Erinnerungen heranziehen, also das beschreibende Subjekt in die Beschreibung mit einbeziehen.

Die Beschreibung im Unterricht

Der Schüler soll die Schreibform Beschreibung in guten Texten kennenlernen, für die er auch Interesse aufbringen kann. Anhand solcher Texte läßt sich sein Textverständnis erweitern.

Der Schüler wird sehen, daß Texte, insbesondere auch poetische, Komplexe verschiedener Schreibweisen sind, daß in einem erzählenden Text mithin neben szenischen Darstellungen auch sachliche Beschreibungen wie bildliche Beschreibungen „vorkommen", oft ineinander übergehen und so die Vielfalt und Komplexität gerade der erzählenden Texte mit ausmachen. Pädagogisch nicht zu empfehlen ist es, den Schülern die beiden Ausformungen der Textsorte idealtypisch konstruiert zu präsentieren. Man sollte nicht verschweigen, daß es die reinen Ausprägungen selten gibt, dafür desto mehr Misch- und Übergangsformen. Der Schüler muß verschiedene Beschreibungen kennenlernen; am meisten lernt er gerade an den Übergängen, an den unreinen Formen, den Mischformen. Wir geben einige Beispiele:

A

„Frankreich liegt an jener Stelle des europäischen Kontinentes, wo dieser sich mit dem Atlantischen Ozean zu berühren beginnt. Es hat, von Westeuropa gesehen, eine deutliche Mittellage einerseits zwischen Deutschland und Spanien, andererseits zwischen Italien und England. Von Gesamteuropa aus gesehen, erscheint es als der östliche Teil der großen Halbinsel, die sich von der Mitte nach Westen erstreckt und in der Iberischen Halbinsel endet. Betrachtet man Frankreich allein, so fällt auf, daß es an zwei Seiten vom Meere, nämlich im Norden und Westen vom Atlantischen Ozean bzw. dem Ärmelkanal und im Süden von dem Mittelmeer umgeben, daß die andere Hälfte seiner südlichen Begrenzung durch das Alpen- und Juramassiv gezogen wird, während nur wenig mehr als die Hälfte seiner östlichen und nordöstlichen Grenze ohne natürliche Grenzen bleibt. Frankreich gehört damit zu denjenigen Ländern Europas, die zum größten Teil durch scharfe geographische Trennungslinien von der umgebenden Welt geschieden sind. Dazu kommt, daß Frankreich in der Form eines Sechsecks von Norden nach Süden wie von Osten nach Westen eine gleichmäßige Ausdehnung von etwa 1000 km besitzt. Seine rund 55 100 qkm umfassende Flächengestaltung wird als eine natürliche Einheit verstanden." (Karl Schwendemann)

B

„Die Klosteranlage zeigt sich dem Besucher als ein mächtiger Baukomplex, reich gegliedert, überragt von der doppeltürmigen Westfassade der Stiftskirche und dem 50 m hohen Gebäude des Mathematischen Turmes (Sternwarte). Die Größe und Weitläufigkeit geben am besten Zahlen an: 23 800 qm umbaute Fläche, 7,5 Joch Dachfläche. Das Kloster erhebt sich in allgemeiner Südwest-Nordost-Erstreckung mit der mächtigen Bauflucht von Abteitrakt, Konventtrakt und Klerikatstrakt, im Osten akzentuiert durch das barocke Hochhaus der Sternwarte und ausklingend in der lieblichen Bausilhouette der Moschee 50 m über der Talsohle von Krems." (Stiftsführer)

C

„Unter den Tagesereignissen ist das wichtigste Ankunft und Abfahrt des Postwagens. Gern bewegt sich der Spaziergänger um diese Zeit in der Nähe der Post. Die gewöhnliche Landpost ist ein sehr langsames, unbehilfliches Beförderungsmittel, ihr Schneckengang ist noch fünfzig Jahre später berüchtigt. Kunststraßen gibt es nirgends in Deutschland, erst nach dem Siebenjährigen Krieg werden die ersten Chausseen gebaut, auch diese schlecht. Wer bequem reisen will, nimmt Extrapost; sorgfältig wird darauf gehalten, daß zu größerer Geldersparnis alle Plätze zu besetzen... Zu weiten Reisen werden eigens Wagen gekauft, am Ende der Reise wieder verkauft; die schlechten Wege geben den Posthaltern das Recht, auch einem leichten Wagen vier Pferde vorzuspannen, dann ist es wohl eine Bevorzugung des Reisenden, wenn ihm von der Regierung ein Erlaubnisschein ausgestellt wird, nur zwei Pferde Extrapost nehmen zu dürfen. Wer nicht so wohlhabend ist, sucht einen Retourwagen, solche Reisegelegenheiten werden mehrere Tage zuvor angekündigt. Ist zwischen zwei Orten starke Verbindung, so gehen außer der ordinären Post und einer schnelleren Postkutsche auch konzessionierte Landkutschen an bestimmten Tagen." (Gustav Freytag)

D

„Am Sonntag, den 6. Juli 1817, erkletterte ich abends das hohe Wagenschiff der ordinären Post – denn Wagen sollte dieses ungeschlachte Fuhrwerk eigentlich nicht heißen, und begann meine Abreise von Greifswald. Willst Du Dir einen klaren Begriff vom Postfahren machen, dann betrachte das folgende kleine Bild: Man wird in einen ungeheuren, mehrsitzigen Wagenrumpf gepackt, der bedeckt, aber sonst in jeder Hinsicht unbequem ist, zusammen mit einer Menge Personen von allen möglichen Sinnesstimmungen, Ständen, Vermögen, Jahren und beiderlei Geschlechts... In dieser Weise wird man ganz piano von vier phlegmatischen Pferden fortgezogen, von denen das eine die Ehre hat, auf seinem Rücken einen livree-geschmückten Lümmel zu tragen, der den Titel Schwager führt und unaufhörlich mit einer himmelstürmenden Fuhrmannspeitsche in der Luft umherknallt, ohne daß deshalb die Reise auch nur im geringsten schneller ginge." (Atterbom)

Was wir aus diesen Texten entnehmen, sind die wichtigsten Übungselemente.

Je weiter sich der Text vom Bildhaften entfernt, um so mehr tendiert er zur Aufzählung und Auflistung von Teilen, Stücken, Verhältnissen von Teilen und Stücken, zur distinkten Bestimmung (Grundwort-Bestimmungswort-Wechselbestimmung, etwa zusammengesetzten Substantiven, bei der Zusammensetzung Subst.-Adj.), zur Zurückdrängung einer subjektiven Perspektive, zu fachterminologischen Ausdrücken, zu verallgemeinernden Aussagen (A, B).

Gewöhnlich sind Beschreibungen, auch sachliche, mit strukturierenden Komponenten verknüpft, dies zeigen deutlich die Texte C und D; C hat einen zum Bericht hinneigenden Duktus, D dagegen Bild-Struktur, ja selbst zur szenischen Darstellung, obgleich beide Texte durchaus grundsätzlich beschreibenden Charakter haben.

In der Beschreibung liegt – und das ist konstitutiv – die Tendenz zur Sachlichkeit mit der Tendenz zur Bildlichkeit im Widerstreit. Um den entscheidenden Unterschied zwischen den beiden Beschreibungsarten zu verdeutlichen, seien im folgenden noch zwei Texte wiedergegeben, welche die vorherrschend begriffliche und die vorherrschend bildliche Beschreibung idealtypisch repräsentieren.

Beschreibung der begrifflichen Struktur

(1) „Tuvalu hat siebentausend Einwohner und ist 25 Quadratkilometer groß, London will die winzige Kolonie am 1. Oktober (1978) in die Unabhängigkeit entlassen. Gleiches steht in diesem Jahr den in der Nähe gelegenen Salomonen- und Gilbert-Inseln bevor: Im Südpazifik wächst eine „Vierte Welt" aus kleinen und kleinsten Staaten heran. Nirgendwo leben so wenige Menschen so weit verstreut auf so vielen Inseln wie in dieser riesigen Wasserhemisphäre. Rund sechs Millionen Menschen mit 1200 Sprachen und Dialekten. Mit 600 000 Einwohnern gehört Fidschi zu den großen, Nauru mit 6000 zu den kleinsten unter den Zwergen.

(2) Einige der Kleinstaaten haben nicht einmal so viele Einwohner wie eine europäische Provinzstadt. Oft wird eine Sprache von weniger als fünftausend Menschen gesprochen, was gerade die wirtschaftliche Entwicklung und Zusammenarbeit erschwert. Die meisten südpazifischen Inseln sind entweder auf ein einziges Produkt (zum Beispiel Phosphate) angewiesen oder mit so geringen Ressourcen ausgestattet, daß sie auf Jahrzehnte hinaus von der Hilfe ihrer ehemaligen Kolonialherren abhängig bleiben. So ist es zu verstehen, daß die Bevölkerung – so in Papua-Neuguinea 1975 – häufiger gegen als für die Unabhängigkeit demonstriert. Die Reichen der Region, Australien und Neuseeland, sehen sich wachsenden Aufgaben gegenüber; Spannungen und Mißverständnisse bleiben nicht aus. Australien, dessen mächtige Gewerkschaften sowohl pazifische Gastarbeiter als auch eine Liberalisierung der Einwanderungsbestimmungen ablehnen, sieht sich von Fidschi, Tonga, Westsamos und den Cookinseln des Rassismus angeklagt. Dazu kommen Hinweise auf die rund 60 000 „Kanaka" aus dem Südpazifik, die im letzten Jahrhundert für wenig Geld harte Arbeit auf den Zuckerplantagen im heißen australischen Queensland leisteten."

Erhard Haubold, Die Vierte Welt im Südpazifik, Frankfurter Allgemeine Zeitung, 3. Juni 1978, Nummer 114.

Es handelt sich um zwei Abschnitte aus einem Aufsatz. Wir sagten, beschreiben heiße: etwas *als etwas* beschreiben. Wir sehen im ersten Abschnitt (1), daß die pazifische Inselwelt – wie wir sie nennen würden, wenn wir von ihr als von einer für uns vagen geographischen Tatsache sprächen – *als* „Vierte Welt im Südpazifik" beschrieben wird. Damit ist schon vorgeschrieben, wie nun im folgenden diese Inselwelt *begriffen* werden soll, nämlich als ein politisches Gebilde, das als eine *weitere* „Welt" zu Europa, Amerika und der „Dritten Welt" hinzuzutreten im Begriffe ist. Im Text des ersten Abschnittes wird diese Vierte Welt als eine Welt „aus kleinen und kleinsten Staaten" weiter beschrieben. Und als diese soll sie beschrieben werden. Der Text des ersten Abschnittes beschreibt nun diese Welt im Hinblick auf

- Tuvalu,
- die Salomonen- und Gilbert-Inseln,
- Fidschi,
- Nauru,

also im Hinblick auf die einzelnen *Mitglieder* dieser Staatenwelt, die im Entstehen begriffen ist. Ferner beschreibt der Abschnitt diese Welt im Hinblick auf ihre *Größe*, die er teils an der Fläche, teils an der Einwohnerzahl erläutert und näher bestimmt.

Der erste Abschnitt gibt einen Überblick über den zu beschreibenden Sachverhalt, indem er eine Selektion solcher Merkmale vornimmt, die der entsprechenden Intention am besten entsprechen. Auf diesem Wege werden

- die geographische Lage,
- der politische Zustand,
- die Beschaffenheit (Inseln) und die Größe derselben

als abstrakte Merkmale beschrieben.

Im zweiten Abschnitt (2) werden die „Kleinstaaten" als *Wirtschaftseinheiten* betrachtet, und zwar im Hinblick auf die dort gegebenen Möglichkeiten der „wirtschaftlichen Entwicklung und Zusammenarbeit" wie *Ressourcen, Sprache, Verhältnis der Bevölkerung zur Unabhängigkeit, Verhältnis der Bevölkerung zu Australien.*

Beschreibung der Bild-Struktur

Ausgangslage: Manhattan – Westseite, Ecke Broadway und Sechsundachtzigste, wo wir im ‚Esquire', einem gut geführten Abfütterungsplatz für Passanten, etwa halb so lang wie ein D-Zug-Waggon, ein kleines Gefühl von Seßhaftigkeit entwickelt haben... Diese Kreuzung mit ihrer unaufhörlichen Rot-Grün-Mechanik und täglich wieviel Tausenden von Fahrzeugen im ständigen Wechsel von Stauung und Ergießung. Den ewigen Straßenaufriß hinter Bretterverschlägen und das jugendstilig gerahmte Dreckloch, das zur U-Bahn hinabführt, diese menschenverschlingende Abflußröhre, in der es nach Staub, Eisen und heißer Putzwolle riecht. Dann den Supermarkt, schräg gegenüber der Zweigstelle der First National City Bank, seine breite Fensterfront, von oben bis unten mit Plakaten bepflastert, denen zufolge hier frischgekillte Jungenten aus Long Island, eingedoster Thunfisch, Bananen und Klopapier, Wiener Würstchen und ‚Calm', das Wundermittel gegen üblen Körpergeruch, zu Spottpreisen verschleudert werden, und die schweren, mit Lichtstickerei gesäumten, ständig flimmernden Vordächer der Kinos. Um die Atmosphäre anzureichern, haben wir die motorisierte Polizei mit Blaulicht und Sirene auf der Jagd nach dem Schrecklichen, das immer gerade irgendwo passiert ist, und die roten Löschzüge der Feuerwehr, besetzt mit Leuten in schwarzgelben Asbestanzügen und südwesterartigen Hauben mit breitem Nackenschutz, und nachts manchmal Schüsse und vom Wind Losgerissenes, knallende Mülldeckel oder von einer Dachterrasse in der Vierundachtzigsten hörst du die Schreie von Süchtigen, die irgend jemandes Knie umklammern: ‚give me a shot -for Chrissake, I need a fix...' Niemand ist neugierig, aber das kollektive Eingeweide ist mit Vorfällen gesättigt, die tägliche Dosis an Lust-Angst, Gier und moralischer Entrüstung, du kannst mit ihr rechnen. – Eine Kreuzung nach meinem Herzen: diese Schwärme von Zeitgenossen...

Hans Egon Holthusen, „Vor dem Abflug", abgedruckt in: Augenblicke unterwegs, Deutsche Reiseprosa unserer Zeit, Hrsg. v. Heinz Piontek, München, 1973, dtv 909, S. 303 f.

Wir sehen: Obgleich diese Beschreibung aus zahlreichen Einzeleindrücken zusammengesetzt ist, entsteht doch ein *Ganzes,* ein *Bild* der berühmten Kreuzung, die andererseits so alltäglich-gewöhnlich ist, daß sie viele ähnliche Kreuzungen in allen Großstädten der Welt vertreten kann. Das Ganze wird als ein Bild beschrieben, der Autor ist bemüht, uns von der äußeren Erscheinung der Kreuzung durch seine Darstellung ein konkretes – anschauliches – lebendiges „Bild" zu machen.

Welches, das sehen wir an dem Titel, der insgeheim über seiner Darstellung steht und den er am Ende nennt: „kollektive Eingeweide". Wie aber kommt diese anschauliche Bildvorstellung zustande?

- durch die gewählte Perspektive: die gegebene Sicht ist als die Sicht des Autors gekennzeichnet;
- durch den Wechsel des Wahrnehmungsorganes: tags visuelle Eindrücke, nachts akustische;
- willkürlich zusammengesetzte Eindrücke bilden ein Ganzes durch die Rückbeziehung auf das beschreibende Subjekt.

Im folgenden sind einige Themen aufgeführt, die sich für mehr sachliche Beschreibungen und solche, die sich für mehr bildliche Beschreibungen eignen. Es wird jeweils angegeben, für welchen Adressaten der Text gedacht ist oder welchem Zweck er dienen soll.

Themen für sachliche Beschreibungen
- Unfallauto (um für die Beurteilung des Tatbestandes eine Grundlage zu haben)
- Zustand des Sportplatzes (um die Verwaltung darauf aufmerksam zu machen und für Abhilfe zu sorgen)
- Einrichtungen für Behinderte in unserer Stadt (um Auskünfte für Anfragende geben zu können, um auf Fehlendes aufmerksam zu machen)
- Fahrrad (um eine Gebrauchsanweisung zu verfassen)
- technische Geräte (um ihre Funktion zu erklären)
- Gebäude (um auf ihren Wert, ihre Schönheit, ihr Alter, ihre Abbruchreife o.ä. aufmerksam zu machen)
- Sehenswürdigkeiten (wenn es darum geht, wie zum Beispiel bei technisch ausgefallenen Brücken, Türmen u.ä., Interesse für sie zu wecken)

Themen für bildliche Beschreibungen
- Sehenswürdigkeiten (um auf ihre Schönheit, ihre Ehrwürdigkeit, ihre Einzigartigkeit aufmerksam zu machen)
- Prospekt von unserer Heimatstadt (um die Besonderheiten hervorzuheben und sie dem Fremden „ans Herz zu legen", so daß er sie im Geiste schon vor sich sieht, bevor er sie mit Augen erblickt)
- Prospekt vom Schwarzwald, vom Titisee, vom Bodensee, von den Alpen...

Beide Tendenzen werden miteinander verknüpft in den folgenden Themen:
- Peter will seinen Eltern ein Bild geben vom Eiffelturm, der ihn sehr beeindruckt hat. Ihm kommt es darauf an, das Imponierende hervorzuheben; aus diesem Grunde wird er sich zuerst an die abstrakteren Merkmale halten und angeben, wie breit, wie hoch, wie schwer, aus wie vielen Eisenstäben, aus welcher Legierung, mit wie vielen Nieten, welche Höhe, von wieviel Menschen in einer Zeitspanne besucht, über wie viel Treppenstufen in welcher Zeit zu besteigen, in wieviele Menschen je fassenden Aufzugskabinen...
  Peter kommt es aber auch darauf an zu beschreiben, wie er den Turm erlebt hat, zuerst aus der Vogelperspektive als Flugzeuginsasse, dann aus der Froschperspektive eines Jungen, der sich neben einen der Pfeiler setzt und hinaufschaut in das geordnete Gewirr der Konstruktion, der hinaufsteigt, oben auf der Plattform sich den Wind um die Ohren blasen läßt und den Sog der Tiefe empfindet, dem mancher schon erlegen ist...
- Jean, ein Franzose, will seinem Freunde in der Bretagne ein Bild verschaffen von einer Besteigung des Similaun, einer Bergspitze in den Ötztaler Alpen, wie er gegen vier Uhr in der Früh aufbrach von der Bellavista-Hütte aus – in Begleitung eines Bergführers aus Vent –, um auf dem eisbedeckten Gipfel den Sonnenaufgang zu

erleben. Hier sind mehrere Schreibarten ins Spiel zu bringen: die Beschreibung des Berges, des Weges, der Ausrüstung (sachlich); die Beschreibung des Aufstieges, der Sicht auf die Bergwelt vom Gipfel (bildlich); die Beschreibung des Sonnenaufganges (szenisch).

Die Charakteristik als Textstruktur und Textsorte

Die Charakteristik beschreibt Personen. Die Beschreibung erstreckt sich auf die Bereiche
- Aussehen,
- Eigenschaften und
- Lebensverhältnisse.

Der Begriff Charakteristik ist hier also recht weit gefaßt. Zugleich beschränken wir die Gesichtspunkte, die von der Charakteristik berücksichtigt werden, auf die angegebenen Aspekte ein. Die Gründe dafür werden weiter unten erläutert.
Eine Hauptschwierigkeit der Charakteristik liegt darin, daß sich in ihr die Beschreibung genereller und individueller Aspekte auf nicht immer leicht zu unterscheidende Weise mischen. Drei Hauptformen der Charakteristika werden unterschieden:

1. die (polizeiliche) Personenbeschreibung
2. die sachliche Charakteristik
3. die poetische Charakteristik

Die *Personenbeschreibung* geht auf das möglichst exakte Erfassen und Beschreiben der äußeren Erscheinung. Die Schüler werden angehalten, Merkmale wie Kopf- oder Gesichtsform präzis mit zutreffenden Worten zu beschreiben. Für sie bietet die Personenbeschreibung eine ausgezeichnete Gelegenheit, ihre sprachliche Kompetenz auf einem Gebiet mit relativ leicht erwerbbaren lexikalischen Strukturen zu erweitern und zu verbessern.
Der Band 7 von Lesen Darstellen Begreifen (Hirschgraben Verlag) enthält eine ausgezeichnete Übersicht über die richtigen Sprachformen für die Personenbeschreibung. Dort sind die zu erfassenden Merkmale aufgelistet und auch schon entsprechende Adjektive angegeben. Der Schüler erhält also Beschreibungskategorien vorgegeben, die er dann selbständig anwenden muß. Wird die Personenbeschreibung im Unterricht geübt, sollte man auf diese Zusammenstellung nicht verzichten.
Handelt es sich um eine *polizeiliche Personenbeschreibung*, geht das Interesse sehr stark von vornherein auf das unverwechselbare, einzigartige Kennzeichen eines Menschen. Übungen zur polizeilichen Personenbeschreibung bieten sich an im Unterricht, weil sie den Blick für das Unverwechselbare, Unveränderbare an einem Menschen schärfen.

Die *sachliche Charakteristik* zielt auf die Verbindung des Allgemein-Menschlichen und des Individuell-Einzigartigen, des Typischen (Lehrer, Soldat, Schauermann, Dame, Mädchen) und des Originalen. Die sachliche Beschreibung erfaßt mithin den Seemann, wie er geht, wie er spricht, wie er sich verhält, wie er arbeitet, und erst in zweiter Linie die Individualität gerade dieses Seemannes.

Die *poetische Charakteristik* sieht weitgehend von dem Allgemeinen ab und konzentriert sich auf das Individuell-Einzigartige; sie will nicht einen Typus beschreiben, sondern diesen einen, unverwechselbaren, originalen Menschen. Selbstverständlich setzt die poetische Charakteristik auch Akzente: Läßt sie mehr Allgemeines und Übliches fort und arbeitet sie übertreibend bestimmte Merkmale des Aussehens heraus, wie lange Nase, krumme Beine, eckige Kopfform, so gerät sie zur Karikatur. Hebt sie typische Merkmale hervor, so versteht sie die individuelle Erscheinung als Beispiel. Die eigentliche poetische Charakteristik will indessen diesen einen Menschen in seinem Wesen, in seiner

Ganzheit erfassen und zur Erscheinung bringen.
Mit der Charakteristik verbinden sich besondere Probleme, auf welche wir kurz eingehen müssen.
Will man das Aussehen beschreiben, worunter wir nicht nur die Gesichtszüge, Kopfformen, Augenfarbe usf. verstehen, sondern auch Haltung, Kleidung, Gestik, Mimik, Bewegungseigentümlichkeiten, so muß man systematische Beobachtung gelernt haben. Man muß ja in Gedanken eine Reihe von Bezeichnungen an das zu Bezeichnende gleichsam daran halten, verschiedene Bezeichnungen miteinander vergleichen und schließlich die passendste gebrauchen.
Wie bei allen Textsorten, welche mit der Erfassung von etwas zu tun haben, stellt sich auch hier wieder heraus, daß der Deutschunterricht nicht weniger etwa als die naturwissenschaftlichen Fächer genaue Beobachtung erfordert. Eine Übung dieser Fähigkeit ist unumgänglich, weil nur auf dem Wege der selbständigen Beobachtung und Wahrnehmung der Schüler die notwendige Basis gewinnen kann, die ein selbständiges Urteilen erlaubt.
Die Charakteristik eröffnet dem Schüler den Zugang zu seiner personalen Umwelt. Während die Personenbeschreibung den Zweck hat, eine gesuchte oder vermißte Person zu erkennen, ist die Charakteristik ursprünglich Deutung von Zeichen zu dem Zweck, das Wesen eines Menschen zu *verstehen*.
Will man Eigenschaften beschreiben, so ist den Schülern klarzumachen, daß sich Eigenschaften nicht beobachten lassen. Eigenschaften sind Verallgemeinerungen aus beobachtetem Verhalten. Aus Verhaltensweisen, speziell aus sich wiederholenden Verhaltensweisen, lassen sich Rückschlüsse auf Eigenschaften ziehen. Man muß sich nur vor Augen halten, daß solche aus Einzelbeobachtungen hervorgegangenen Bezeichnungen nicht das Wesen, die Gesamtheit einer Person ausmachen. Die Beurteilungsakten von Behörden, als das sind „Gutachten", „Beurteilungen", „Führungszeugnisse", „Dienstzeugnisse" sind lediglich solche Zusammenfassungen, aber keine Wesensbeurteilungen.
Bei dem Übergang von der Zusammenfassung, die auf Beobachtungen, Verallgemeinerungen und damit auf Schlüssen beruht, zu der Behauptung, jemand sei „faul", „tapfer", „energisch", „träge", „tückisch" usf., lauert die Hauptgefahr der Charakteristik: das Vorurteil. Woher kommt diese Gefahr? Das Material, das den Verallgemeinerungen zugrunde gelegt wurde, das seinerseits aus eigenen Beobachtungen und aus Informationen aus fremder Hand stammt, ist nicht selten eben nur eine Sammlung typisierter, nicht aber individueller Merkmale. Immer lauert bei der Entdeckung und Beurteilung von Verhaltensweisen die Gefahr, daß ich zu schnell, zu wenig sorgfältig, zu wenig gewissenhaft, zu wenig verantwortungsbewußt unter eine gegebene Kategorie (Eigenschaftsbezeichnung und implizite Eigenschaftsbeurteilung) subsumiere. Und schon habe ich aufgrund meiner mangelhaften Sammlung, und ohne es zu wollen, jemanden zu irgendeiner Menschenklasse hinzugebracht, eingeteilt, abgehakt. Dies ist besonders gefährlich, weil Eigenschaften ja immer eine Wertung enthalten. Man kann die Schüler nicht oft genug auf diese Probleme hinweisen.
Will man die Verhältnisse einer Person beschreiben, ihr soziales, wirtschaftliches, politisches Umfeld, ihr Milieu und ihre Herkunft, so muß man recherchieren. Verhältnisse erkennt man nur durch eine Fülle von Informationen, die man recherchieren muß, durch Interviews, Dokumentenanalyse usf. Die Schüler müssen erkennen, daß sie ihre Erkenntnisse von Informationen gewinnen, die nach Qualität und Quantität unzureichend sind, weil sie in der Kürze der Zeit kaum ein für eine objektive Beurteilung ausreichendes Material beschaffen können.

Die Charakteristik im Unterricht

Die Charakteristik „nehmen" wir nicht in einem Zuge „durch", wir befassen uns zuerst mit der Schulung des genauen Beobachtens und Erfassens. Die Schüler sollen lernen, das Äußere eines Menschen detailliert zu beschreiben und seine Verhaltensweisen sprachlich präzis zu erfassen, damit die Eigenschaften, auf welche sie verweisen, in der rechten Weise erfaßt werden. Darüber hinaus sollen sie lernen, daß man den Zusammenhang zwischen Verhaltensweisen und Eigenschaften aber nur dann beurteilen kann, wenn man gelernt hat, die zufälligen von den wesentlichen zu trennen.
Aus den genannten Gründen üben wir zunächst Personenbeschreibungen in Steckbriefform, bei welcher es darauf ankommt, Eigentümlichkeiten des Aussehens und des Ausdrucks sprachlich präzise zu fassen.
Zu diesem Zweck führen wir in der Klasse kleine Spiele auf. Wir lassen die Schüler sich verkleiden – mit einfachsten Mitteln: Brillen, angeklebten Bärten, Augenklappen, Pappnasen, Schals, Hüten (aus Pappe), Jacken und anderen Attributen. Wir lernen dabei, daß geringe Veränderungen genügen, um das Aussehen eines Menschen zu verändern und daß man mit den beiläufigen Merkmalen bei der Charakteristik sehr vorsichtig umgehen muß.
Im Anschluß daran verfassen wir Charakteristiken nach der Wirklichkeit, eine alte Frau (dabei kann unter Umständen auch eine ausdrucksstarke Photographie benutzt werden) – ein Stadtstreicher – ein Zirkusclown – ein Straßenbahnschaffner – ein Fußballspieler – ein Reiter – ein Hotelboy ...
Ein anderer Aspekt, der geübt werden sollte, ist die Erfassung des Typischen, also die Zusammenstellung solcher Merkmale, durch welche eine Person zu einer Berufs-, Alters- oder ethnischen Gruppe gehört. Hier ist Gelegenheit, die Schüler auf ihre Mitschüler aufmerksam zu machen, auf die kleineren, auf die Großen, wie sie aussehen, was sie in der Pause tun, zum Beispiel am Brötchenstand, bei den Mofas hinter der Hausecke.
Eine weitere Möglichkeit bietet die charakterisierende Beschreibung von Idolen und Leitfiguren, welche man nicht streng wird voneinander trennen können. Man spricht heute von Prominenten. Solche Beschreibungen werden nur nach Bildern, selten nach der Wirklichkeit, möglich sein. Sie werden die prominente Person aber in einer Situation und bei einer Tätigkeit charakterisierend beschreiben müssen, die ihr gemäß ist: Musik-Gruppen bei ihrem Auftritt, einzelne Sänger / Sängerinnen, James Last vor seinem Soft-Sound-Orchester, der Schiedsrichter, der Fernsehansager, die Fernsehansagerin, Moderatoren von Jugendsendungen ...
Schließlich wird die Karikatur ins Blickfeld kommen. Von Karikatur spricht man, wenn auffallende Charakteristika einer Person übertreibend hervorgehoben werden, während andere, eher unauffällige, alltägliche Merkmale übergangen werden. Die Schüler lernen die karikierende Beschreibung kennen bei der Betrachtung guter Karikaturen aus der illustrierten Presse und aus Tageszeitungen. Wir beginnen mit Beschreibungen solcher Karikaturen und versuchen im Anschluß selbständig Karikaturen zu verfassen.
Wie schon des öfteren erwähnt, ist die genaue Beobachtung Voraussetzung für jede Art der Charakteristik. Bevor die Schüler nicht gelernt haben, zu beobachten, können sie auch diese Textsorte nicht bewältigen. Zum Abschluß seien deshalb noch einige Übungen angeführt, die die Schüler zum genauen Beobachten anleiten.
Wir stellen uns mit dem Notizblock an einer belebten Stelle unseres Wohnortes auf. Eine Schülergruppe hält charakteristische Merkmale bestimmter Personengruppen fest, die dort zu sehen sind:
- Hausfrauen
- Arbeiter
- Pensionäre

– Verkäuferinnen
– Gastarbeiter.

Eine andere Gruppe notiert dagegen bestimmte Verhaltensweisen der Leute in bestimmten alltäglichen Situationen:
– beim Einsteigen in die Straßenbahn,
– beim zufällig-unerwarteten Zusammentreffen von Bekannten,
– bei der Bitte um Auskunft,
– beim Einparken, bei der Parkplatzsuche,
– beim Einkaufen.

Eine dritte Gruppe notiert Merkmale von Idolen auf Reklameplakaten und Postern an der Litfaßsäule, in Geschäftsauslagen.

Beispieltexte

(1) Loth ist mittelgroß, breitschultrig, untersetzt, in seinen Bewegungen bestimmt, doch ein wenig ungelenk; er hat blondes Haar, blaue Augen und ein dünnes lichtblondes Schnurrbärtchen, sein ganzes Gesicht ist knochig und hat einen gleichmäßig ernsten Ausdruck. Er ist ordentlich, jedoch nichts weniger als modern gekleidet. Sommerpaletot, Umhängetäschchen, Stock. (Gerhart Hauptmann)

(2) Halef war ein eigentümliches Kerlchen. Er war so klein, daß er mir kaum unter die Arme reichte, und dabei so hager und dünn, daß man hätte behaupten mögen, er habe ein volles Jahrzehnt zwischen Löschpapierblättern eines Herbariums gelegen. Dabei verschwand sein Gesichtchen fast völlig unter einem Turban, der gut einen halben Meter im Durchmesser hatte, und sein einst weiß gewesener Burnus war jedenfalls für einen weit größeren Mann gefertigt worden, so daß er ihn, sobald er vom Pferd stieg und gehen wollte, empornehmen mußte, wie eine Dame ihr Reitkleid. Aber trotz dieser äußerlichen Unansehnlichkeit mußte man alle Achtung vor dem Kleinen haben. Er besaß einen ungewöhnlichen Scharfsinn, viel Mut und Gewandtheit und eine Ausdauer, die ihn selbst die größten Beschwerden überwinden ließ. (Karl May)

(3) Der Freiherr war der letzte seines Geschlechtes und unvermählt: auf seinen zwei blauen traurigen Augen stand die Linie. Über schrägen Schultern saß, leise nach vorn geneigt, der schmale blonde Kopf: die blaugeäderten Schläfen, die feingeflügelte Nase, der beschnittene Schnurrbart mit aschblonden abgeschossenen Haaren, die bleichen Lippen, die durchscheinenden Ohren, der dünne Hals – alles das zeigte die zu weit getriebene Verfeinerung. Die schlanke Gestalt mit den dünnen Gliedern, im grauen Reitanzug mit kunstvoller Halsbinde, die Waden in Stulpen, die Hände in schön genahteten Handschuhen, erinnerte an Gläser aus geschliffenem kostbarem Flusse, herrlich zum Zieren und Beschauen, aber zu fein und zu schön, um täglich gebraucht zu werden. (Hermann Burte)

(4) Daß sie die schönsten schwarzen Augen von der Welt hatte, stelle ich voran, – schwarz wie Jett, wie Teer, wie reife Brombeeren, Augen, nicht gar groß, aber von offenem, in seiner Dunkelheit klarem und reinem Aufblick, unter Brauen, deren feine, ebenmäßige Zeichnung so wenig mit Kosmetik zu schaffen hatte wie das mäßige Lebensrot der sanften Lippen. Es war nichts Künstliches, keine nachziehende, untermalende, färbende Aufmachung an dem Mädchen. (Thomas Mann)

(5) Er hatte graue oder graublaue, helle aber nicht leuchtende, auf keinen Fall braune Augen. Das Gesicht länglich mager, um die Backenknochen muskulös. Die Nase nicht auffallend groß, aber fleischig, bei kaltem Wetter schnell gerötet. Vom ausladenden Hinterkopf wurde schon berichtet. Schwer konnten wir uns über Mahlkes Oberlippe einigen, Jürgen Kupka war meiner Meinung: Aufgestülpt stand sie vor und konnte die beiden oberen Schneidezähne, die gleichfalls nicht senkrecht, sondern hauerartig schräg standen, nie ganz verdecken – außer beim Tauchen natürlich. Und schon begannen wir zu zweifeln, erinnerten uns, die kleine Pokriefke habe auch eine Stülplippe und immer sichtbare Schneidezähne gehabt. Wir waren am Ende nicht sicher, ob wir Mahlke und Tulla im besonderen Fall der Oberlippe verwechselten. Vielleicht hatte wirklich nur sie eine, denn sie hatte eine, das steht fest. (Günter Grass)

Anmerkungen

(1)
Adjektive: körperliche Merkmale
Substantive: Verhalten

(2)
Diminutiv: „Kerlchen“, damit soll die

Kleinheit des Mannes und seine Harmlosigkeit charakterisiert werden.
Karikierendes Bild:
(a) „dünn, daß man hätte behaupten mögen ..."
(b) „Turban, der gut einen halben Meter im Durchmesser ..."
(c) Burnus, für einen weit größeren Mann gefertigt, so daß ...
Abstrakta: zur Kennzeichnung der Verhaltensdispositionen wie „Mut", „Gewandtheit", „Scharfsinn", „Ausdauer"

(3) Darstellung eines Typus, nämlich des überfeinerten Sprosses eines altadligen Geschlechtes.
Es sind „Techniken", mit welchen Burte arbeitet: erstens mit dem Wiederholungsprinzip (die Verbindung Adjektiv + Substantiv wird gehäuft gebraucht),
zweitens mit der Ausrichtung aller Wahrnehmungsmomente auf ein Merkmal: der „Verfeinerung",
drittens der ausdrücklichen, dem Leser praeskribierten Formulierung der Schlüsse, die aus der Darbietung des Materials zu ziehen sind: ‚*Verfeinerung*'.

(4) + (5)
In beiden Fällen werden Individualitäten charakterisiert, und zwar mit Hilfe eines einzigen Merkmals, der Augen (4) und der Oberlippe (5).
In Text (4) stehen die Augen für das ganze Mädchen.

Vorschläge für eine längerfristige Unterrichtseinheit

Zum Abschluß wird eine Teilsequenz aus einer Unterrichtseinheit mit dem Thema „Wie werden Kinder und Jugendliche auf Bildern dargestellt?" skizziert, in der die Schüler erst einmal lernen, daß mit Hilfe von Bildern Leute charakterisiert werden können, erfahren, mit welchen Mitteln das geschieht, und dann – mit diesem Hintergrundwissen versehen – mit schriftlichen Charakterisierungsformen bekanntgemacht werden. (Die Unterrichtsschritte werden nicht im einzelnen ausgeführt, sondern nur kurz angerissen.)
Die Sequenz steht unter der Frage: „Werden wir Schüler auf Bildern in unserer Umwelt richtig dargestellt?"

(a) Wir betrachten und beschreiben Familienphotos und Photos aus unserer Kinderzeit. Wir wollen von unseren Klassenkameraden gute Porträt-Photos anfertigen. Wir fertigen Entwürfe, die auf Fragen antworten wie: Soll nur sein Gesicht auf das Bild? Wenn ja, mit welchem Ausdruck? Soll das Gesicht einen Hintergrund erhalten, der irgendwie zu ihm gehört? Wenn ja, welchen? Soll nicht nur das Gesicht auf das Bild, sondern die ganze Person? Wenn ja, in welcher Haltung? Soll die Person allein sein? Sollen andere zugesellt werden? Welche Personen? Soll die Person ruhig stehen? Soll sie einer für sie charakteristischen Tätigkeit nachgehen?

(b) Wir sammeln aus Zeitschriften Bilder von Schulklassen, und zwar ebenso Photographien wie Karikaturen. Wir untersuchen sie nach Kriterien wie:
Was wird hervorgehoben? Was wird weggelassen? Was wird immer wieder dargestellt?
Wir sammeln Werbephotos, auf welchen Kinder dargestellt werden, und untersuchen sie nach geeigneten Kriterien.

(c) Wir studieren literarische Charakteristiken von Kindern. Ein Beispiel für eine solche literarische Charakteristik, den Text aus dem „Grünen Heinrich", haben wir im ersten Kapitel (vgl. S. 11f.) schon einmal an anderer Stelle und mit anderen Intentionen benutzt.

2.3 Wir erfassen Gewesenes

Der Bericht als Textstruktur und Textsorte

Der Bericht ist eine sachbezogene Schreibform.

„Als Berichte bezeichnet man Darstellungsformen, die bestimmte einmalige Geschehnisse (Ereignisse, Tätigkeiten) in zusammenhängender Gestaltung festhalten. Sie sind in erster Linie am Sachverhalt orientiert und verlangen daher eine den Tatsachen entsprechende, folgerichtig gegliederte, genaue und richtige Wiedergabe des Geschehens... Sachlichkeit bestimmt sowohl den Inhalt wie die sprachliche Form:
Der Zweck des Berichtens besteht in der sachlich zuverlässigen Information, daher ist bei der Abfassung auch der Empfänger zu berücksichtigen. Er muß über den Sachverhalt so viel erfahren, daß er sich selbst ein Bild machen kann. Da die Mitteilung aller Details in der Regel nicht möglich ist und auch verwirrend wirken könnte, ist die Auswahl aus dem Beobachteten die erste Aufgabe des Berichterstatters. ... Von besonderer Bedeutung sind Klarheit und Verständlichkeit. Neben der Übersichtlichkeit im Aufbau, die vor allem durch das Einhalten der richtigen Reihenfolge und durch die Kennzeichnung zusammengehörender Einzelheiten (mit Hilfe von Wort- und Satzverknüpfungen, Aufzeigen der großen Linie, Abschnitte) erreicht werden kann, ist daher auf den sachlich genauen, eindeutigen Ausdruck zu achten. ... Im Satzbau ist zu beachten, daß Sätze von mittlerer Länge als Kausal-, Temporal- und Konsekutivsätze Vorgänge verknüpfen und zur Übersichtlichkeit beitragen. ... Als Zeitform verwendet man das Praeteritum, künftige Vorhaben werden durch Modalverben (dürfen, können, sollen) ausgedrückt." *

---

* Hermann Stadler (Hrsg.), Deutsch. Verstehen – Sprechen – Schreiben. Frankfurt/M. 1973, S. 167/8 (Fischer Taschenbuch)

Der Bericht erfaßt nicht nur Gegenwärtiges, sondern vor allem Gewesenes, Geschehenes, sofern es (noch) für das Gegenwärtige von Belang und Bedeutung ist. Der Bericht ist nicht Erzählung des Vergangenen; doch kann auch eine Darstellung etwa der Geschichte eines Unternehmens oder der Entstehungs- und Baugeschichte eines Gebäudes oder die Baugeschichte einer Kirche oder die Entstehungsgeschichte einer Institution u. a. m. als Bericht bezeichnet werden, ja man hat schon Romane, sofern sie sich auf Tatsächliches stützten, als Berichte bezeichnet.
Neben dem Gegenwärtigen und Gewesenen berücksichtigt der Bericht auch das Zukünftige, die weitere Entwicklung, die weiteren Aussichten.

Der Bericht ist, was die Erfassung des Gegenwärtigen angeht, der Tendenz nach Beschreibung, was die Erfassung des Gewesenen angeht, der Tendenz nach Erzählung.
Verdeutlichen wir uns das an einem Beispiel, einem Brandbericht:
Der Brandbericht etwa beschreibt den Zustand eines abgebrannten Hauses und die aktuelle Situation der Bewohner. Er erzählt in sachbezogener Sehweise:

- die Ursache des Brandes (erstes Thema)
- die Löscharbeiten, Ablauf, Gelingen/Mißlingen (zweites Thema)
- die Schäden (drittes Thema)
- die weiteren Folgen (viertes Thema)

Der Bericht ist also eine thematisch gegliederte Beschreibung und eine thematisch gegliederte Erzählung.
Was im Bericht Thema werden kann, ist nicht einzugrenzen. Hier eine Aufzählung von Themen, welche auf der Jahrgangsstufe von Interesse sind:

- Sportfest
- überregionale Sportereignisse
- Hochwasserkatastrophe
- Entdeckungsreisen
- Kampf um Atom-Kraftwerke
- Der erste Flug über den Ozean
- Der Kampf um die Pole

- Schlangenfarm
- Tierquälerei
- Cowboys
- Photographie

Beispieltexte

Text I

„Offiziell gilt das Jahr 1839 als Geburtsjahr der Lichtbildkunst. Louis-Philippe, der Bürgerkönig, kaufte damals das Verfahren Daguerres an und schenkte das Patent der ganzen Welt. Binnen wenigen Jahren gab es in allen Kulturstaaten Daguerrotyp-Ateliers; doch nach kaum zwei Jahrzehnten war diese Erfindung Daguerres überlebt, die zwar zunächst durch die brillante Schärfe ihres Quecksilberbildes bestochen, jedoch den Nachteil hatte, ein Unikat, ein nicht nachbestellbares Einzelstück zu sein. ... Den Weltruhm als Erfinder konnte Daguerre für sich einheimsen, nachdem sein Partner Niepce schon 1833 gestorben war. Doch diesem gebührt das Verdienst, die erste Fotografie der Welt zustande gebracht zu haben, noch ehe er sich mit Daguerre zusammentat. Nach jahrzehntelangem Experimentieren war ihm 1826 durch achtstündige Belichtung einer asphaltüberzogenen Zinnplatte die erste haltbare Aufnahme der Hofgebäude seines Landsitzes gelungen...
Unabhängig von den Franzosen ging der Engländer Fox Talbot – seit 1835 mit Erfolg – seinen eigenen Weg. Denn während die Daguerrotypisten ihre Platten zunächst noch länger als eine Viertelstunde belichten mußten, benötigte Talbot im September 1840 nach seinem (ebenfalls 1839 zum Patent angemeldeten) Verfahren nur noch eine Minute. Wesentlicher aber ist, daß Talbot neben erfinderischem Geschick einen feinen Sinn für den Aufbau seiner Bilder besaß ...“

Jan S. Kunstreich, Frühe Meisterwerke der Photographie, in: Westermanns Monatshefte, Februar 1961 (leicht gekürzt).

Die Kohärenzfaktoren sind leicht zu erkennen:

- das einheitliche Thema: Entstehung der Photographie,
- die Teilthemen: Daguerre – Niepce – Talbot,
- die Mischung von gegliederter Beschreibung und gegliederter Erzählung, die den Bericht ausmacht.

Text II

(1) „In den größeren Städten Saudi-Arabiens ist der Autoverkehr mit wachsendem Wohlstand immer dichter geworden. Wo einst das Dromedar das einzige Verkehrs- und Transportmittel gewesen ist, da rollen heute Kolonnen von japanischen und amerikanischen – weniger deutschen, französischen und italienischen – Autos über zum Teil recht gut ausgebaute Straßen. Auf ihrem Raketenflug ins Jet-Zeitalter haben die „Söhne der Wüste“, Beduinen, die vor dreißig Jahren noch in Zelten gelebt haben und von Oase zu Oase gezogen sind, die Zügel des Dromedars – als wäre nichts selbstverständlicher – mit dem Lenkrad des Autos vertauscht.

(2) Für den europäisch trainierten Fahrer bietet sich ein exotisches Bild. Allein die vielen bunten Trachten, Saudis in ihren traditionellen wallenden Gewändern mit dem typischen arabischen Kopftuch entweder hinter dem Lenkrad oder – vor allem Gastarbeiter – als Passagiere dicht zusammengedrängt auf einem kleinen Kombiwagen geben eine Vorstellung von einer anderen Welt. Gewiß, da sind Ampeln, zum Teil Verkehrspolizisten, und die meisten Fahrzeuge fahren offensichtlich auf der rechten Fahrbahn – aber welche Verkehrsregeln gelten hier eigentlich? Die Hupe scheint das wichtigste Instrument zu sein, um sich durchzuschlängeln oder auch nur passiv abzuschirmen. Es kann zum Beispiel Stunden dauern, bis ein Wagen von einem der großen Parkplätze in Jeddah (am Roten Meer) in der Nähe des Hafens freikommt. Da haben es selbst die heimischen Emire oder noch höher gestellte Persönlichkeiten schwer: Drei Leibwächter versuchen einem solchen Würdenträger mit finsterem Blick, den „die anderen“ sofort respektieren, eine Gasse zu bahnen – trotz des martialischen Zeremoniells fast aussichtslos.

(3) Solche Tücken des Verkehrs versuchen die Saudis und die dort lebenden Gastarbeiter natürlich auf relativ freien Strecken „auszugleichen“. Die Behörden, die in den Städten Tempolimit 40 verordnet haben, wissen um das ungezügelte Temperament der Fahrer, die sich wohl (zumeist) an Allahs Gebote, nicht aber an die der Verwaltung halten. Um die gewünschte Geschwindigkeitsbegrenzung durchzusetzen, haben sie in Städten und anderen Ortschaften – vor allem vor Regierungsgebäuden und Palästen der königlichen Familie – die Straßen einfach mit regelmäßig eingebauten Wellen versehen. Wer also nicht gegen die Windschutzscheibe geschleudert werden will (in einem Geländewagen kann das noch ganz andere Folgen haben), der ist gehalten, rechtzeitig zu bremsen. So einfach ist das.

(4) Im übrigen beschränken sich die Verkehrsvorschriften auf wenige Bestimmungen. Der von rechts Kommende hat zwar grundsätzlich Vorfahrt (auch im Kreisverkehr), doch sollte man sich besser nicht darauf verlassen. Wer in einen Verkehrsunfall verwickelt wird, muß – ob schuldig oder nicht – mit einer langwierigen Abwicklung rechnen. Bei Sachschäden kann die Freigabe des am Unfall beteiligten Fahrzeugs tagelang dauern. Bei Personenschäden wird vor Klärung der Schuldfrage der nichtverletzte Fahrer so lange in Polizeigewahrsam gehalten, bis ein amtsärztliches Untersuchungsergebnis bescheinigt, daß der Verletzte weniger als vier Wochen ärztlich behandelt werden muß. Danach kann der heil Gebliebene – gegen Kaution – freigelassen werden. Dauert dagegen die Behandlung voraussichtlich länger als vier Wochen, so wird der Arrest oft für die Dauer der Krankenbehandlung aufrechterhalten. Bei tödlichen Unfällen ist den Hinterbliebenen – auch bei alleiniger Schuld des Verunglückten – ein „Blutgeld" zu zahlen: für Männer 40 000 Saudi-Rials (100 Saudi-Rials sind gleich 60 DM), für Frauen die Hälfte. Während der religiösen Festtage (Ramadan, Hadsch) gelten doppelte Sätze.

(5) Als Tourist kann ein Autofahrer – abgesehen von der beschwerlichen Anreise – nach den saudischen Bestimmungen nicht einreisen; es gibt keine Touristen-Visa. Die Einreisemöglichkeiten sind mithin auf Geschäftsreisen und solche Fälle beschränkt, in denen sich ein Ausländer für eine bestimmte Zeit zu einem Arbeitsaufenthalt verpflichtet hat (es gibt in Saudi-Arabien etwa 15 000 Deutsche, die dort überwiegend in Führungspositionen als Manager, Techniker und Facharbeiter tätig sind, unter den rund 2 Millionen „Gastarbeitern"). Der deutsche und der internationale Führerschein werden für eine begrenzte Zeit anerkannt. Mit einiger Geduld und oft nur mit dem offiziell streng verpönten „Bakschisch" kann aber – nach einer Augen-(nicht: Fahr-)Prüfung – ein saudischer Führerschein erworben werden. Dem Vernehmen nach sollen einige Deutsche – bei der Weite des Landes und (außer Taxis) praktisch nicht existierenden Verkehrsmitteln ist jeder Ausländer bei einem längeren Aufenthalt im Lande darauf angewiesen – für dieses kostbare Dokument jeweils ein kleines Vermögen bezahlt haben.

(6) Das ganz große Geschäft haben sich die Saudis allerdings bisher entgehen lassen. Frauen ist es immer noch verboten, einen Wagen zu fahren. Noch will Allah es so: Als Führerscheinbewerber kommt rund die Hälfte der Bevölkerung nicht in Betracht. Für die Betroffenen ist diese – aus dem Koran abgeleitete – Bestimmung zwar diskriminierend, bei dem gegenwärtig in den Städten zum Teil chaotisch anmutenden Verkehrsgetümmel insgesamt jedoch sicherlich nicht ohne Wohltat."

Lothar Julitz, Vom Dromedar hinter das Lenkrad des Autos, in: Frankfurter Allgemeine Zeitung vom 11. Oktober 1978.

Dieser Bericht ist thematisch gegliedert:

(1) Jäher Übergang vom Reiten auf Dromedaren zum Lenken von Kraftfahrzeugen, vom Mittelalter zur Neuzeit
(2) Kaum Verkehrsregeln, vorhandene werden nicht beachtet
(3) Ungewöhnliche Methoden der Geschwindigkeitsbeschränkung: Wellen im Asphalt
(4) Verfahren der saudiarabischen Verwaltung bei Unfällen und Schädensfällen
(5) Situation der Touristen
(6) Situation der Frauen

Der Text ist kein historischer Bericht – wie der über die Entstehung des Photoapparates –, kein Bericht über endgültig Vergangenes, sondern über den gegenwärtigen Stand einer historischen Entwicklung der Araber vom Nomadentum zu einer technisch orientierten Gesellschaft. Es handelt sich bei dem Text nicht um eine Beschreibung, weil nichts Ruhendes beschrieben wird, das keine Vorgeschichte kennt, sondern weil der aktuelle Zustand als Teil eines stetig fortschreitenden Entwicklungsprozesses gesehen wird.

Der Bericht im Unterricht

Der Bericht setzt ein historisches Interesse an Entwicklungen voraus, das wir bei den Schülern dieser Jahrgangsstufe nicht ohne weiteres erwarten können. Die Rückschau auf das Gewesene bietet nicht die Spannungsmomente, die einen Schüler unbedingt motivieren.

Aus diesem Grund ist es besonders ratsam, den Bericht in Unterrichtszusammenhänge einzubeziehen, die für die Schüler eine gewisse Spannung enthalten. Wir müssen uns

Rahmengeschichten einfallen lassen, die für die Schüler eine echte Motivierung darstellen und die vor allem einen überzeugenden Anlaß für das Verfassen eines Berichts bieten. Es ist dabei nicht erforderlich, daß eine Geschichte ausführlich erzählt wird, es genügen einige wenige Angaben.

Die Geschichte kann kriminalistischer Natur sein, aber auch eine Schelmengeschichte tut gute Dienste.

Die folgenden Unterrichtsskizzen veranschaulichen, wie sich ein Bericht in den Rahmen einer Geschichte einfügen läßt.

Wir versuchen es mit einer Kriminalgeschichte, welche sich in der Umwelt der Schule lokalisieren läßt und von daher ohne weitere Recherchen ihre materiale Ausstattung geliefert erhält.

Wir siedeln eine Geschichte im städtischen Bereich an, wenn es uns geht um Berichte über städtische Bauten / Brücken / Denkmäler / Kirchen. Wir siedeln sie in einem „Milieu“ an, wenn wir bestimmte soziale Vorgänge in das Schreiben von Berichten einbeziehen wollen. – Wir siedeln die Geschichte in einem öffentlichen Umfeld an, wenn wir politische Berichte erhalten wollen.

Gefangenenflucht

Die Handlungsskizze:
Aus dem Ortsgefängnis sind bei Nacht Gefangene ausgebrochen.

Wir bereiten eine Sequenz vor, indem wir – nach vorheriger Ankündigung und organisatorischen Vorbereitungen – in der ersten Stunde mit einigen wohlpräparierten Schülern in der hoffentlich überraschten und neugierig werdenden Klasse erscheinen. Bei uns sind der entflohene Gefangene, der Polizist, der ihn nach einer recht wilden Verfolgungsjagd geschnappt hat, der Gefängnisdirektor, der etwas niedergeschlagen ist, denn schon graut ihm vor dem Bericht, den er an seine vorgesetzte Behörde richten muß, der Vertreter der Anklagebehörde sowie ein Journalist, ein smarter junger Mann mit spitzem Bleistift.

(a) Der Gefangene gibt eine szenische Darstellung seiner Flucht. Hier lassen sich alle knastologischen Kenntnisse der Schüler verwerten. Ihre Phantasie wird in dieser Hinsicht kaum zu bändigen sein.

(b) Der Polizist gibt ebenfalls eine szenische Darstellung seiner Tat, wie er die Flucht entdeckt hat, wie er ihm gefolgt ist, wie er ihn erwischt hat und wie er ihn wieder in seine Zelle zurückgebracht hat.

Während er spricht, notiert die Klasse alle sachlichen Angaben, die er in seiner szenischen Darstellung macht, der Journalist wie die Klasse stellen ihm Fragen, damit ihre Informationen vervollständigt werden können. Der Lehrer kann sie zur Sicherheit während des Frage-und-Antwort-Spieles an der Tafel festhalten.

(c) Die Klasse verfaßt nun einen Bericht des Vorfalles, welchen der Gefängnisdirektor ausgehändigt erhält.

In der folgenden Stunde wird der Klasse die Rolle eines Untersuchungsausschusses zugewiesen. Sie befragt den Gefängnisdirektor nach den Verhältnissen im Gefängnis, nach der Bewachung der Gefangenen, Fluchtmöglichkeiten, Warnanlagen usw... Die Informationen, die der Direktor liefert, werden schriftlich festgehalten. Es empfiehlt sich, vorher mit den Schülern kurz zu besprechen, welche Informationen zu erfragen sind.

(e) In der darauffolgenden Stunde schreibt jeder Schüler einen Bericht, der erstens auf die Flucht eingeht (Umwandlung der szenischen Darstellung des Polizisten in einen sachlich-nüchternen Bericht), zweitens darlegt, warum die Flucht überhaupt gelingen konnte (mangelnde Wachsamkeit der Aufsichtspersonen; glückliche Umstände...).

Dieser Bericht wird dem anwesenden Staatsanwalt als dem Vertreter der Justizbehörde überreicht. Zuvor sind mehrere Fassungen des Berichtes miteinander verglichen worden, der beste wird weitergegeben.

(f) Da bei dem ganzen Geschehen ja auch ein ‚Journalist' anwesend ist, können auch Übungen zu den journalistischen Textsorten Meldung, Nachricht und Kommentar mit in den Unterricht einbezogen werden.

Denkmalsschändung

Die Handlungsskizze:

Das Siegesdenkmal in Freiburg ist eines Nachts verunstaltet worden. Irgend jemand hat den lebensgroßen, gußeisernen Kriegern Papierhüte aufgesetzt.

(a) In der ersten Stunde tritt ein Journalist, auf: Er liefert eine Reportage des Vorfalles:
– Anruf in der Redaktion am frühen Morgen – Fahrt zum Platz am Siegesdenkmal – Schilderung der Situation: wie sehen die Krieger aus? – Meinungen der Bürger, die unweit an der Straßenbahnhaltestelle stehen: der erste amüsiert sich, der zweite regt sich auf, schimpft.

(b) In der folgenden Stunde wird eine Ortsbesichtigung vorgenommen. Sie dient dem Sammeln von Material, der Übung der Beschreibung, der Übung des Verfassens von Berichten.

(c) In der folgenden Stunde wird das Thema auf die Denkmäler in der Nähe der Schule ausgedehnt. Wir besuchen diese Denkmäler und erstellen einen Bericht über die Denkmäler in unserer Innenstadt.
Dabei gilt es, Beschreibung und Bericht auseinanderzuhalten. Wir können zuerst Beschreibungen von den einzelnen Denkmälern verfassen lassen, sodann aber Berichte von (1) ihrem derzeitigen Zustand, (2) ihrem derzeitigen Aufstellungsort, (3) dem Maß und der Art der Beachtung durch die Bevölkerung, (4) dem Eindruck, den sie auf uns gemacht haben.

Umfrage

Handlungsskizze:

Der Lehrer bringt in die Klasse den Abgesandten einer Fernsehanstalt mit – ein entsprechend zurechtgemachter und vorher gut instruierter Schüler. Dieser Herr befaßt sich mit der Verbesserung von Kinder- und Jugendsendungen im Fernsehen. Die Klasse sei von der Anstalt zu einer Repräsentativ-Klasse ausersehen worden. Was er in Kürze brauche, sei erstens ein Bericht über die Fernsehgewohnheiten der Schüler. Er habe eine Anzahl Fragebogen mitgebracht, welche der Umfrage zugrunde gelegt werden sollten.

(a) Die Fragebogen werden von den Schülern ausgefüllt und anschließend ausgewertet, d.h. die Ergebnisse der Umfrage werden zu einem kleinen Bericht zusammengestellt. Zu diesem Zweck wird die Klasse in Arbeitsgruppen von 5–6 Schülern aufgeteilt; die Arbeitsgruppen werten ihre Fragebogen gegenseitig aus. Hat jede Arbeitsgruppe einen kurzen Bericht erstellt, kann man die Einzelberichte dann im Klassenplenum noch zu einem Gesamtbericht verarbeiten. Eine andere Möglichkeit ist, ein Redaktionsgremium zu berufen und diesem den Schlußbericht überlassen.
Dieses Vorgehen eignet sich besonders zur Einführung der Textform Bericht, da die Schüler nur vorgegebenes Material zusammenstellen müssen.
Mögliche Fragen sind: Wie oft in der Woche schaust du fern? – Zu welchen Tageszeiten? – Wie lange? – Welche Sendungen siehst du am liebsten (Tierfilme; Krimis; Quiz usw.) – Welche Sendungen schaust du regelmäßig an? Hast du eine Lieblingssendung? – Wenn ja, aus welchen Gründen?
Die Fragen lassen sich beliebig vermehren oder auch kürzen, je nachdem, wieviel Zeit der Lehrer in die Behandlung des Themas investieren will.

(b) Die Unterrichtssequenz läßt sich ohne Mühe erweitern und auch auf andere Textsorten ausdehnen.
Der Vertreter der Fernsehanstalt kann noch weitere Wünsche vorbringen:
– erstens will er ergänzende Berichte über Sendungen, welche in der Klasse regelmäßig angeschaut werden.
Dazu sollten sich Gruppen aus Mitgliedern

mit ähnlichen Fernsehvorlieben bilden. In der Gruppe werden zuerst Einzelberichte verfaßt, die schließlich zu einem Gruppenbericht verarbeitet werden;
– zweitens wünscht er einige Inhaltsangaben von solchen Sendungen, welche einige Schüler besonders begeistert oder besonders geärgert hätten;
– endlich sollen die Schüler Charakteristiken oder Karikaturen von den „Helden" der von ihnen geschätzten oder mehr oder minder abgelehnten „Helden" oder auch „Anti-Helden" zusammenstellen.

Anwendung im literarischen Bereich
Es sei hier noch einmal auf Heinrich Bölls Erzählung „Die Waage der Baleks" eingegangen. Wir skizzieren einige der zahlreichen Anlässe zu Berichten, welche diese Erzählung bietet.
– Eine Untersuchungskommission muß den Fall der Familie des kleinen Franz Brücher untersuchen. Wir lassen eine solche Kommission zusammentreten und spielen ihren Auftritt im Dorf – Verhandlungsort könnte ein Nebensaal des Dorfwirtshauses sein – durch. Es werden alle beteiligten Personen verhört, die an der Sache beteiligt waren. So entstehen Protokolle einzelner Aussagen. Diese Auslassungen geben den Beteiligten Gelegenheit zu längeren mündlichen Äußerungen nach einem Stichwortzettel. Die Kommissionsmitglieder fassen diese Aussagen zu einem Bericht an die Behörde zusammen.
– Die Polizei fordert Berichte von Herrn Balek, von dem Pfarrer, von dem Apotheker Honig an.

2.4 Wir erfassen Gegenwärtiges

Die Reportage als Textstruktur und Textsorte

Die Reportage erfaßt die aktuelle Gegenwart, sie folgt dem ablaufenden Geschehen unmittelbar „auf dem Fuß", von Augenblick zu Augenblick. Dazu gebraucht die Reportage die Zeitform des Präsens. Im allgemeinen verlaufen Geschehen und sprachliches Erfassen relativ synchron, aber nicht selten kommt es vor, daß sich das Geschehen unerwartet beschleunigt und die sprachliche Erfassung hinterherläuft. Dies kann zur Folge haben, daß die Sätze kürzer werden, schließlich elliptisch, und daß an die Stelle der präsentischen Verbformen Partizipien treten: „Die Turnerin ist (schon wieder) auf den Schwebebalken zurückgekehrt, hat schon den Überschlag nach rückwärts absolviert, leicht geschwankt, aber nun...". Doch kann sich das Geschehen auch unerwartet verlangsamen, dann kann die sprachliche Erfassung auch das noch ausstehende, erwartbare Geschehen vorwegnehmen. „,...die Turnerin wird in wenigen Sekunden ihre Übung beenden, sie wird wegen des verpatzten Flick-Flacks kaum die Traumnote sechs erreichen...".
Andererseits läßt sich der Sprecher auch selbst vernehmen, er kommentiert seine Rede, indem er
– Fragen stellt an einen nicht näher bestimmten Adressaten,
– seine eigene Meinung wiedergibt,
– Stellung nimmt zum Geschehen,
– Urteile ausspricht usw.

Die Reportage im Unterricht

Die Reportage ist in erster Linie eine mündliche Form; sie im Unterricht nur als schriftliche Textsorte zu behandeln, würde bedeuten, ihren spezifischen Charakter zu verkennen. Für die Schüler bedeutet die Reportage eine Möglichkeit, rasche, klare Artikulation sowie das adäquate sprachliche Erfassen von Geschehnissen und Handlungsabläufen zu üben.

Anlässe, die eine Reportage rechtfertigen, finden sich im Schulalltag in großer Zahl:

- Ein Fußballspiel der Klassen 7c und 7d findet statt. Wir lassen einige Reporter, mit einem Cassettenrekorder versehen, teilnehmen, die verschiedene Phasen des Spiels in einer Reportage festhalten.
  Das ist eine Übung, die vor allem dem sprachlichen Erfassen eines Geschehens mit hoher Wechselgeschwindigkeit dient, wobei in erster Linie das Erfassen des Wesentlichen und das Weglassen des Unwesentlichen gefordert ist.
  Die Aufnahmen, die bei dieser Gelegenheit entstehen, werden dann in der folgenden Stunde mit der ganzen Klasse besprochen und diskutiert.
- Eine andere Möglichkeit, die Reportage sinnvoll in den Unterricht einzubeziehen, bieten Wandertage und Klassenausflüge. An verschiedenen Punkten wird die Wanderung unterbrochen (etwa an einem besonders schönen Aussichtspunkt oder vor der Jugendherberge, um diese nach Lage und Baulichkeit zu beschreiben), und die Schüler dürfen eine Reportage auf das mitgenommene Tonband sprechen. Hier wird es mitunter schwierig sein, klar zwischen Reportage und Beschreibung zu trennen. Mitunter werden Reportage und Beschreibung ineinander übergehen, sich vermischen.
  Man kann die Schüler auch mit einem Tonband losschicken und ihnen die Aufgabe stellen, vom Wochenmarkt eine lebendige Reportage zu liefern oder die Besteigung eines Kirchturmes als Reportage zu gestalten.
- Bei der Besprechung literarischer Texte bietet sich die Möglichkeit, die Reportage dann als schriftliche Form, als Textform, zur Aufgabe zu stellen, etwa zur Vergegenwärtigung bestimmter Handlungsorte, um bei unserem oft gebrauchten Beispiel zu bleiben: die Vergegenwärtigung der Stube, in welcher die Baleks die von den Dorfkindern gesammelten Beeren, Pilze, Kräuter usw. abwiegen.

Journalistische Textsorten

Wir fassen unter diesem Begriff zusammen
- die Meldung,
- die Nachricht,
- den Kommentar,

also Textsorten, die für die Tageszeitung charakteristisch sind. Die Unterschiede zwischen den einzelnen Textsorten lassen sich am besten anhand von Beispielen aufzeigen. Unsere Beispieltexte wurden von einem Schüler im Jahre 1968 verfaßt.

Meldung
Gestern, Mittwoch, 7. Februar, demonstrierten über 2000 Schüler und Studenten der Universitätsstadt Freiburg gegen die von den Stadtwerken geplante Tariferhöhung der Straßenbahn. Die Demonstranten legten in der Innenstadt den gesamten Verkehr lahm. Die Polizei ging mit Wasserwerfern und Schlagstöcken gegen die Jugendlichen vor.

In der Meldung werden lediglich die Fakten angegeben, das Wo, das Wann, das Was, das Wer. Die Meldung enthält sich jeder Kommentierung oder Wertung. Sie besteht im allgemeinen nur aus wenigen Sätzen. Sehr viele Meldungen kommen mit einem Satz aus. Die Zeit, die verwendet wird, ist das Imperfekt.

Nachricht
Am Mittwoch, den 7. Februar, versammelten sich in den Mittagsstunden Hunderte von Schülern und Studenten von Freiburg am Freiburger Bertholdsbrunnen, einem Verkehrsknotenpunkt der Stadt, um gegen die geplante Tariferhöhung der Straßenbahn zu demonstrieren.

Dabei kam der gesamte Verkehr zum Erliegen. Die Polizei versuchte mit Wasserwerfern, Schlagstöcken und Gummiknüppeln die Protestversammlung aufzulösen, was ihr nicht ganz gelang. Denn die hartnäckigen Demonstranten versammelten sich in anderen Hauptverkehrsstraßen wieder, nachdem sie auseinandergetrieben worden waren. Bei einem Handgemenge zwischen Studenten und Polizisten soll ein Student eine gefährliche Augenverletzung erlitten haben.

Die Nachricht erweitert die Menge der Informationen, indem sie die Situation und sonstige Umstände berücksichtigt. Auch sie enthält sich aber jeder Wertung und jeden Kommentares.

Kommentar
Die Freiburger Stadtverwaltung beschloß, die Fahrpreise der Straßenbahn von 0,50 DM auf 0,70 (bei Erwachsenen) und von 0,30 DM auf 0,40 DM (bei Kindern) zu erhöhen. Kinder sind schon mit 12 Jahren erwachsen, lautete ein neuer Beschluß, ein anderer, Monats- und Netzkartenpreise werden erhöht.
Die Stadträte, die auf die Straßenbahn wohl kaum angewiesen sind, wissen wohl nicht, daß diese Erhöhung für einen Familienvater mit drei Kindern eine schwere, finanzielle Belastung bedeutet.
Als aber endlich die Freiburger Schüler und Studenten ihrem Zorn Luft machten und unerlaubte Protestversammlungen veranstalteten, ging die Polizei radikal mit Wasserwerfern und Schlagstökken gegen die Demonstranten vor. Dabei wurde ein Student so zusammengeschlagen, daß er mit einer schweren Augenverletzung, die möglicherweise zur Erblindung des einen Auges führen kann, in das Krankenhaus eingeliefert.
Natürlich muß die Stadt sparen, aber das hat man schon oft am falschen Ende getan. Die meisten Herren machen es sich ganz bequem. Man war im Stadtrat im allgemeinen der Ansicht, daß nur um des Demonstrierens willen demonstriert worden sei und nicht wegen der Fahrpreiserhöhungen. Mit diesem Beschluß wurde die Angelegenheit abgeschlossen, und wir werden zahlen müssen, ob wir wollen oder nicht.

Der Kommentar schildert den Sachverhalt und arbeitet den Kernpunkt des Problems heraus. Über den aktuellen Sachverhalt hinaus stellt er größere Zusammenhänge her und hebt die allgemeinen, weiterreichenden Implikationen dieses Sachverhaltes hervor. Im Kommentar wird klar Stellung bezogen; der Verfasser gibt seine eigene Meinung zu dem Problem wieder und erhärtet seine Position durch Argumente. Im Unterschied zu Meldung und Nachricht, die objektiv informieren wollen, ist der Kommentar eine Textform, die den Leser überzeugen will, ihn zu einer Meinungsänderung bewegen will.

Journalistische Textsorten im Unterricht

Wie bei allen hier vorgestellten Textstrukturen und Textsorten sollte das Verfassen journalistischer Texte aus möglichst realistischen Situationen und Anlässen erwachsen. Wir beginnen damit, daß wir schulinterne Ereignisse als Anlässe für die Berichterstattung nehmen: Beobachtungen auf dem Pausenhof, auf den Treppen und Gängen im Schulgebäude, besondere Vorkommnisse im Schulleben liefern den nötigen Stoff. Besonders reizvoll wird die Aufgabenstellung, wenn die Klasse in zwei Gruppen geteilt wird, die sich gegenseitig ‚Zeitungsmacher' und Leser sind.
Die eine Gruppe verfaßt für die andere Meldungen, Ereignisse und Kommentare, die die andere Gruppe kritisch liest. Diese Kritik wird laut im Lauf der Gespräche, die sich an die Lektüre der Texte anschließt.
Durch diese Textsorten können aktuelle Ereignisse im Umfeld des Schülerlebens in den Unterricht einbezogen werden.
Ereignisse wie Tagungen großer religiöser oder politischer Gruppen und Organisationen am Ort sollte man sich als Lehrer nicht entgehen lassen, ebensowenig wie Messen, Zirkusgastspiele, Ausstellungen, Volksfeste, Wahlkampfveranstaltungen, Ereignisse in der Kommunalpolitik. Die Anlässe dürfen ruhig auch schlicht sein, wichtig ist nur, daß die Schüler selbst mit dem Geschehen auf irgendeine Art in Berührung kommen. Anders werden sie nicht an den Hauptgegenstand

solcher Textsorten herangeführt, nämlich die Übung der knappen sprachlichen Fassung eines vielschichtigen, vielgestaltigen Ereignisses.
Man kann die Schüler dazu anregen und ermutigen, Klassenzeitungen von solchen Ereignissen anzufertigen – wenn auch nur auf einem DIN-A4-Blatt oder auf einem Doppelblatt. Die Zeitung kann hektographiert und verteilt werden oder auch am Schwarzen Brett der Klasse ausgehängt werden.
Bei größeren Ereignissen werden zwei Unterrichtsstunden zur Verfügung stehen müssen. In der ersten Stunde werden die Informationen der Schüler zusammengestellt, als Hausaufgabe verfassen sie dann Texte, die in der folgenden Stunde besprochen und beurteilt werden.

Auch im literarischen Unterricht lassen sich journalistische Textsorten funktional einsetzen.

„Die Waage der Baleks" hat uns schon mehrfach als Beispiel hergehalten; auch in diesem Zusammenhang bietet sie mehrere Möglichkeiten. Die Schüler können folgende Textsorten verfassen

- eine Meldung von der Festnahme der bei Brüchers versammelten Personen
- eine Nachricht über die näheren Umstände dieser Verhaftung
- einen Kommentar, der das Geschehen von verschiedenen Standpunkten aus beleuchtet.

3 Wir lernen selbständiges Schreiben

In den beiden vorangegangenen Kapiteln sind Textstrukturen und Textsorten besprochen worden, die sich auf Vorgegebenes (entweder auf vorgegebene Texte oder auf vorgefundene Sachverhalte oder Ereignisse) bezogen. In diesem Kapitel soll die Selbständigkeit des Schülers im Verfassen freier, eigenständiger Texte gefördert werden. Es wird gezeigt, wie er mit Hilfe verschiedener Textsorten lernen kann, sich reflektierend

- zu den eigenen Erlebnissen (Wir verarbeiten Erlebnisse)
- über sein Verhältnis zu anderen Personen (Wir wenden uns Personen zu)
- zu objektiven Sachproblemen (Wir lernen das selbständige Schreiben)

zu äußern.

3.1 Wir verarbeiten Erlebnisse

Einführung

Eine rationale Verarbeitung der Erlebnisse ist wichtige Voraussetzung für die Entwicklung des Schülers hin zur selbständigen Persönlichkeit. Dazu muß er Distanz gewinnen von seinen Erlebnissen und den oft außerordentlich starken Einflüssen, die von ihnen ausgehen; erst dann kann er sich mit ihnen auseinandersetzen. Eine Hilfe für die rationale Aufarbeitung von Erlebnissen kann es bedeuten, wenn die Schüler gezwungen sind, sich schriftlich mit diesen Erlebnissen zu befassen, sie dadurch objektivieren und differenzieren zu müssen.
Auseinandersetzung kann beginnen, wenn der Erlebniskomplex in Gedanken differenziert werden kann. Selbstverständlich nicht in einer theoretischen Form, sondern in einer Weise des Rückblickens auf Erlebtes, die gewisse Inhalte des Erlebten einzeln heraushebt, Erlebnisarten und Arten von Erlebnisinhalten unterscheidet. Wir erleben ja auch als Erwachsene gleichsam auf verschiedenen Ebenen und in verschiedenen Dimensionen. Wir erleben mit den Sinnen, wir erleben in Gedanken. Was erleben wir mit den Sinnen? Zuerst und zunächst alles, aber nicht alles findet seine Erlebnisfülle in den Sinnen, vieles Erlebte gibt zu denken: „in Gedanken" erleben wir uns selbst in unserer Lust und Unlust, in unseren Gefühlen, unseren Hoffnungen, unseren Wünschen, „in Gedanken" kommen wir auch zu Urteilen über Erlebtes, also „wie wir etwas gefunden haben", ob es „uns gefallen hat", ob wir „es ablehnen", „in Gedanken" erleben wir aber auch gewisse Strukturen des Erlebten selbst, es genügt an das zu erinnern, was wir „das Neue", „das Unerhörte", „das Überraschende", „das Unerwartete" nennen, aber auch, was wir das „Gleiche", „das Wiederkehrende", das „Wiederholte" nennen.
Genau besehen, enthält ein Erlebnisbericht immer Mitteilungen des sinnlich Wahrgenommenen oder Mitteilungen des Gedachten:

- des uns selbst im Erleben Bewegenden oder
- der von uns über das Erlebte gefällten Urteile oder
- von Strukturen des Erlebten selbst.

Erlebnisberichte sind also Mitteilungen von
- Wahrgenommenem
- inneren Antrieben, Beweggründen, Triebfedern
- Gedanken, Urteilen
- Erfahrungen.

Der Verfasser eines Erlebnisberichtes wird uns immer solche Mitteilungen machen, wobei selbstverständlich ganz und gar seine Sache ist, welche Schwerpunkte er bildet, ob er den sinnlichen Eindrücken den Vorrang gibt oder den Gefühlen oder den Urteilen oder den Erfahrungen.
In älteren Methodiken der Aufsatzerziehung findet sich die Textform der Erlebniserzählung. Von dieser Erlebniserzählung ist der Erlebnisbericht, so wie wir ihn verstehen, scharf abzugrenzen. Die Erlebniserzählung erfüllt die Anforderungen, den Schülern zur Objektivierung und zur Verarbeitung von Erlebnissen zu helfen, in keiner Weise. Das Erlebte selbst wird in den „Erlebniserzählungen" alten Stils nicht reflektiert, abgehoben wird lediglich auf äußerliche Kriterien wie „lebendige Darstellung", „Anschaulichkeit", „Spannung" usw. Eine wirkliche Auseinandersetzung mit einem Erlebnis fand im Rahmen dieser Textsorte nicht statt.

Formen des Erlebnisberichtes

Wir wollen zur Verdeutlichung an einigen Beispieltexten mögliche Formen der Erlebnisdifferenzierung herausstellen, Texte, die mehr die sinnlichen Aspekte des Erlebten herausarbeiten, Texte die mehr die intellektuell-gedankliche Seite betonen. Ist das letztere der Fall, können die Texte mehr auf die innere, subjektive Dimension oder mehr auf die äußere, objektive oder mehr auf die intersubjektiv-urteilende gerichtet sein.
Thema aller Erlebnisberichte ist die „Fußwanderung einer Familie im Gebirge".
Die Familie besteht aus folgenden Personen: dem Vater, der Mutter, der Tochter, dem Sohn; dem letzteren geben wir das Wort:

(I)
Wir begannen vor Tagesanbruch mit dem Aufstieg. Schweigend gingen wir durch den am Fuße des Göll sich erstreckenden Wald. Es war so still, man hörte keinen Vogelton, nur leises Rascheln des Windes in den Bäumen und das gleichmäßige Aufsetzen unserer Nagelschuhe auf dem Waldboden.
Anfangs fröstelten wir, jeder schaute nur vor sich hin, kein Wort wurde gewechselt. Aber als der Weg steiler und steiler wurde, begannen wir zu schwitzen.
Der Weg stieg in Serpentinen an. Wir mußten hintereinander gehen, da der Pfad sehr schmal war. Vater ging an der Spitze, dann kam ich, hinter mir Johanna, den Schluß machte Mutter.
Gegen elf Uhr erreichten wir eine Hochebene in etwa 1600 m Höhe. Der Pflanzenwuchs war spärlich, das niedere Gras grau, aber die Sonne brannte bereits aus tiefblauem Himmel. Wir suchten den Schatten, obgleich wir im scharfen Wind Gänsehaut bekamen.
Wir rasteten, denn wir hatten den steilsten Teil des Weges noch vor uns. Während wir unsere Apfelsinen verzehrten, sahen wir über den tiefen Taleinschnitt, aus welchem wir heraufgestiegen waren, hinüber auf die andere Seite des Tales, wo das Massiv der Drei- und Viertausender hinaufwuchs, von wo der Schnee und das Gletschereis bläulich und kalt herunterstrahlten, so daß man meinte, die Augen schließen zu müssen.
Nie habe ich mich besser gefühlt. Während ich saß und schaute, hatte ich das Gefühl zu schweben, so hell, so leicht, so luftig war es dort oben.

Der Junge hält sich an das Wahrgenommene, was er mit seinen Sinnesorganen aufgenommen hat, das beschreibt und berichtet er: selbst wenn er zur Reflexion überzugehen scheint, orientiert er sich sogleich wieder in die Wahrnehmung zurück. Diese Wahrnehmungshaltung ist nicht ohne weiteres vorauszusetzen; differenziertes, genaues Wahrnehmen muß gelernt und geübt werden. Und das um so mehr, als die Wahrnehmungen erst den Stoff für die rationale Verarbeitung darstellen. Realität, die man nicht wahrnimmt, kann man auch nicht verarbeiten.

Der zweite Text beschreibt gleichfalls den Weg vom Fuße des Berges bis zu dem Rastplatz, aber der Wahrnehmungsaspekt hat sich verändert. In diesem Text beschäftigt sich der Junge – nicht ohne Grund – mit sich selbst, die Außenwelt mit ihren sinnlichen Angeboten tritt in seiner Aufmerksamkeit in den Hintergrund.

(II)

Wir waren noch nicht allzu weit gekommen, als ich bemerkte, daß ich eine Blase am Fuß hatte. Ich versuchte zu Anfang eine ganze Weile, die Schmerzen zu unterdrücken, ich tat so, als hätte ich sie gar nicht. Aber der linke große Zeh rieb weiter an der harten Außenwand des Schuhes hin und her, ich hatte das Gefühl, daß an der Wundstelle die Haut schon abgescheuert und das bloße Fleisch zutage getreten war.

Sollte ich die anderen verständigen? Ich sah, wie sie die Wanderung genossen, und wagte deshalb nicht, sie mit meiner Schwäche zu belasten.

Doch mußte ich die Zähne zusammenbeißen, meine Mutter konnte mein Gesicht nicht sehen, sie ging hinter mir, aber sie merkte doch etwas, denn ich hatte einfach keine Lust mehr, mich weiter mit ihr über Johannas Kopf hinweg zu unterhalten. Sie versuchte es noch ein paarmal, rief mir zu, was ich denn von dem Wasserfall halte und so weiter, aber ich konnte keine Antwort mehr geben, so weh tat mir der Zeh.

Endlich wäre es denn doch unhöflich gewesen, nicht mehr zu antworten. Als sie fragte, warum ich so einsilbig sei, das könne sie nicht verstehen an einem so schönen Tag, rief ich zurück, der Weg sei doch so steil, man verliere ja die Puste, wenn man so schnell ansteige und dabei so viel rede. Aber ohne mein Wollen klang das schmerzverzerrt. Die Mutter rief nun energisch: „Halt! Stehenbleiben! Bleibt doch mal einen Augenblick stehen! Was hast du denn? Fehlt dir was? Tut dir was weh?“

Wir blieben stehen, alle drehten sich nach mir um, schauten mich an. Ich mußte meine Situation bekennen und schildern, den Schuh mußte ich ausziehen, meine Mutter untersuchte die Stelle, klatschte vor Verwunderung – und Schrecken – in die Hände, sie tat es wohl auch so auffällig, um den Vater davon zu überzeugen, daß die Schmerzen im Augenblick wenigstens unerträglich waren und daß ein Verband angelegt werden mußte. Das würde einige Zeit beanspruchen.

Der Verfasser hat die Perspektive gewechselt. Er berichtet nur von sich; die anderen spielen eine untergeordnete Rolle.

Eine andere Seite der mehr gedanklich bestimmten Erlebnisse wird von den Urteilen beherrscht. In jedes Erlebnis sind in Sätzen formulierte Meinungen – Behauptungen – enthalten. Wenn man sich bemüht, sie gesondert herauszustellen, so ergeben sich Erlebnisberichte etwa der folgenden Struktur.

(III)

Als wir uns nach der Rast noch ein wenig unterhielten, kam ich mit meinem Vater näher ins Gespräch. Es ging um die Atemtechnik, die er sich eingeübt hat, und die ich zum mindesten komisch finde. Er spricht beim Gehen nur sehr ungern. Über Stunden schweigt er, obgleich er von Haus aus recht gesprächig ist. Er hält den Mund geschlossen und atmet nur noch durch die Nase. Er behauptet allen Ernstes, daß sich die Luft beim Einziehen durch die Nase erwärme, so daß man leichter einer Erkältungskrankheit entgehe, und daß sie sich auch entstaube, so daß man einer Infektionskrankheit entgehe. Man atme, so seine Meinung, durch die Nase reinere Luft ein als durch den Mund. Außerdem werde verhindert, daß man große Mengen Luft durch den geöffneten Mund hindurch verschlucke.

Dem allem hielt ich entgegen, daß es bei mir mit dem Atmen allein durch die Nase nicht gehe, ich bekäme nicht genug Luft.

Dann müsse ich mir die Nase öfter putzen, rief er lachend dazwischen.

Aber es stimmt, was ich gesagt habe. Ich kann beim Steigen nicht durch die Nase atmen, da komme ich außer Puste. Darum muß ich durch den Mund atmen. Ich genieße es, durch den Mund zu atmen. Ich ziehe die frische und kühle Luft in vollen Zügen ein.

Wir konnten uns nicht einigen. Wie froh bin ich, daß er seine väterliche Autorität nicht einsetzt, um mich zum Einatmen durch die Nase zu zwingen.

Auch über die Verpflegung oder den Proviant gab es eine kurze Diskussion. Mit Mutter diesmal. Sie sagt, wir sollten beim Bergsteigen mageren Speck und trockenes Brot essen, dazu Obst, sie verabscheut Schokolade, überhaupt alle Süßigkeiten. Sie behauptet, der Speck gebe Kraft, das Brot sei wegen der Fettaufnahme nötig. Solches Essen belaste den Magen nicht übermäßig. Sie verweist auf ihre reiche Erfahrung.

Johanna aber warf ein, sie habe gelesen, daß berühmte Bergsteiger Schokolade bei sich hätten, sie vertrauten auf die rasche Umsetzung des Zuckers in Energie.

Keines von den beiden Themen wurde ausdiskutiert, wir mußten aufbrechen, wenn wir den Gipfel des Berges in 2800 m Höhe noch erreichen wollten. Aber wir nahmen uns vor, beide Themen noch einmal zu besprechen, wenn wir von den Ferien wieder zurückgekehrt wären...

In dieser Art des Erlebnisberichtes herrscht das Element der Diskussion vor, der Disput ist es, der dem Erlebnis seine Fülle gibt. Die realen Vorgänge, das Bergsteigen, die umgebende Natur, das Wetter und so weiter spielen nur noch eine geringe Rolle; dagegen ist die Auseinandersetzung und die Betrachtung eines Problems in den Vordergrund getreten. Wir wissen, daß Gespräche dieser und anderer Art zu Tausenden in den Ferien sowohl wie auch zu Hause geführt werden, daß sie aber leider für den Unterricht nicht genutzt werden. Die Schüler müssen das Diskutieren nicht erst lernen, sie tun es zur Genüge jeden Tag, sie müssen nur lernen, sich bewußt zu machen, was sie dabei eigentlich tun, und sie müssen vor allem lernen, aufeinander zu hören. Dies wird eben durch die Übung der Hervorhebung der Disput-Seite des Erlebnisses ermöglicht. Denn der Schüler muß sein Erlebnis ja in dieser Hinsicht überhaupt erst analysieren.

Vielleicht wird das Ansinnen des Lehrers zunächst mit der Begründung abgelehnt, man habe sich bei diesem oder jenem Erlebnis nichts gedacht. Aber das meint, daß man sich mit niemandem auseinandergesetzt habe in der offenen Rede. Aber wie oft hat man sich etwas gedacht, wie vieles geht einem durch den Kopf, obgleich man nichts äußert, wie viele stumm bleibende Dispute führt man. Sollte man nicht versuchen, sie im Bericht zu äußern? Wie soll man denn das Reden lernen, wenn man immer seine Meinungen, Mitteilungsintentionen, Thesen bei sich behält? So wäre es eine der Mühe werte Aufgabe, den Schüler zu lehren, auf seine erlebten Urteile zu achten, wenn auch nur in der Erinnerung, und sie und damit sich selbst besser kennenzulernen.

Betrachten wir eine weitere Differenzierungsmöglichkeit des Erlebnisberichtes, bei der es darum geht, Erfahrungen vergleichend in den Blick zu bekommen. Dazu ist erforderlich, daß der Schüler *mehrere* Erlebnisinhalte der gleichen Art miteinander vergleicht und sie bezüglich ihrer Gemeinsamkeiten und ihrer Unterschiede prüft und auf Begriffe bringt. Er fragt: Wie war das bei der Bergbesteigung 1974 mit meinem Freund Rolf und seinen Eltern – wie war es ein Jahr später mit meinen beiden Brüdern und Vater und seinem Bruder – wie war es, als Mutter, Johanna und ich allein wanderten, 1977 – wie war es...? Wenn er nun die verschiedenen Male im Blick auf eine bestimmte Sache vergleicht, kommt er zu gewissen Verallgemeinerungen.

(IV)

Eigentlich mußte ich bei den Aufstiegen weniger gegen körperliche Schwächen kämpfen als vielmehr gegen die Angst vor einem Versagen. Meist habe ich körperlich stärkere Wanderfreunde bei mir, ich weiß, daß ich schnell nicht mehr so viel Kraft habe wie sie und daß ich dann jeden Schritt mit Willenskraft tun muß. Besonders deutlich wurde dies, wenn wir mit unseren Eltern unterwegs waren. Vater steigt gut und geht zügig, Mutter war immer besorgt, wir könnten ihn verlieren, und trieb uns deswegen immer wieder zur Eile an und wiederholte unzählige Male den Satz: „Nicht abreißen! Weitergehen! Bald könnt ihr euch ausruhen!“

Vater ging wie eine Maschine, lang–kurz, gleichmäßig atmend, mit einer mäßigen Geschwindigkeit, Kraft schonend, ohne müde zu werden. Mich plagte immer das Gefühl, ich könnte mich blamieren, meine Kräfte könnten nachlassen, ja es könnte mir schwarz vor Augen werden.

Aber ein Erlebnis gab mir in den Ferien des Sommers 1978, einen gewissen Trost, wir wanderten in den Pyrenäen. Mein Vater, Onkel Heinrich und ich wollten einen Pic besteigen, allein, der Mutter und Johanna und den Kindern von Onkel Heinrich war es zu heiß. Mir graute, als ich hörte, daß ich mit den beiden starken Männern aufsteigen sollte.

Aber es kam anders, als ich nach meinen bisherigen Erfahrungen erwartet hatte.

Wir verloren nämlich den Weg, wie das in den Pyrenäen leicht geschehen kann, wir mußten, wollten wir nicht vor dem Gipfel umkehren, den sehr, sehr steilen, glatten Grashang hinaufsteigen, der dem Fuß kaum einen Halt bot. Und da geschah es, daß Onkel Heinrich meuterte, er sei doch nicht verrückt, er wolle umkehren, Kurt solle doch daran denken, daß sie Ferien hätten und daß sie keine Profis seien. Es gab einen Streit. Onkel und Vater hatten bemerkt, daß sie keinen Halt mehr fanden, daß sie nie und nimmer bis auf den Gipfel gekommen wären. Mir dagegen hatte dieser Aufstieg keine Schwierigkeiten bereitet, ich hatte mich auf kleinen Absätzen und Unebenheiten halten kön-

nen und war zum Erstaunen und zur Verzweiflung der beiden leichtfüßig und munter hinaufgeklettert, so daß die beiden, als sie mir nachsahen und ich mich einmal umwandte, den Kopf schüttelten und einander verzweifelt anschauten. Ich hatte ihnen den Meister gezeigt.
Und so habe ich natürlich am allermeisten gedrängt, wir sollten den Gipfelsturm doch noch wagen, aber ich hatte kein Glück, sie wollten nicht mehr weiter, sie hatten genug, sie waren zu schwer und ungelenkig, sie fanden auf dem glatten Hang keinen Halt. So verloren sie die Lust. Und als wir abstiegen, war ich diesmal wenigstens nicht der kleinlaute Schwache, sondern der Tagessieger...

Wir sehen, der Text ist hervorgegangen aus dem Vergleich mehrerer Erlebnisse. Sonst erlebte der Junge immer sein Versagen, seine Schwäche, seine fehlende Ausdauer, seine Ungeübtheit, das eine Mal in den Pyrenäen aber war es anders als sonst, er mit seiner Leichtigkeit und Beweglichkeit geht den steilen Grashang ohne allzu große Anstrengung hoch und „schlägt" seine beiden Begleiter. Dieses Erfolgserlebnis ist für ihn eine wichtige Erfahrung.
Formal geht sie aus Verallgemeinerungen hervor: mehrere gleichartige Erlebnisse werden miteinander verglichen, es zeigt sich, daß alle miteinander übereinstimmen, eines lediglich unterscheidet sich, es ist eine neue Erfahrung.

Der Erlebnisbericht im Unterricht

Zuerst sei darauf hingewiesen, daß man die einzelnen Verarbeitungsformen mischen kann. Selten beschränkt sich ein Text auf eine der dargestellten Sehweisen. Um diesen Hinweis zu verdeutlichen, sei noch ein Beispieltext abgedruckt, der verschiedene Formen der Erlebnisdifferenzierung aufweist:

(V)
Es war heiß. Wenn man die Haut berührte, fühlte sich diese naß, schweißig an (I). Wir freuten uns alle auf das kühlende Bad, das wir am Ziel im Baggersee nehmen wollten (II). Es waren mir allerdings manch warnende Worte zu Ohren gekommen, das Baden in Baggerseen sei nicht so harmlos, wie man annehme, es gäbe unberechenbare Unterströmungen, Strudel, sonstige Gefahren (III). Aber uns war dies im Augenblick gleichgültig, niemand dachte an etwas Schlimmes, alle gierten nur nach Abkühlung (II).
Als wir am Baggersee eine Badestelle suchten, entdeckten wir ein roh aus Balken und Brettern zusammengebautes Sprungbrett. Es sah recht morsch und unzuverlässig aus (I). Rolf sagte, keiner solle das Brett zum Hineinspringen benutzen, es sei vielleicht morsch, die Belastung beim Wippen könne zu groß werden, er könne ja niemand hindern, aber er wolle gewarnt haben (III).
Gustav ließ sich nicht abhalten. Er lachte Rolf aus, er solle doch nicht so dumm daherreden, er, Gustav, sei schon oft an Baggerseen vom Brett gesprungen (III). Gustav stieg auf das Brett, das sich etwa einen Meter über der Wasseroberfläche befand, er wippte, sprang hoch hinauf und tauchte kopfüber in das Wasser. Aber er kam nicht mehr nach oben, wie wir erwartet hatten, nicht prustend, den Kopf schüttelnd, lachend. Er kam nie mehr nach oben. Er hatte nicht bemerkt, daß das Wasser nicht tief war. Er blieb querschnittgelähmt (I).
Später ist mir in den Sinn gekommen, daß man doch besser auf Warnungen hört, nur zu oft sind aus solchem Leichtsinn und solcher Überheblichkeit Menschen zu Schaden gekommen (IV).

Um Schüler an die Aufgabe heranzuführen, sind Vorübungen unumgänglich. Nützlich und motivierend ist es, von der Analyse einer Schülerarbeit auszugehen und zu fragen: Was hat er gesehen, gehört, gefühlt? – Was hat er gedacht? – Was hat ihn bewegt, angetrieben, zurückgehalten? – Was hat er bei der ganzen Angelegenheit gelernt? Hat er überhaupt etwas gelernt? Hat er alles einfach über sich ergehen lassen?
Zur Schärfung der Wahrnehmungssinne empfehlen sich Übungen wie die folgenden: Erzähle, wie du in eine Höhle eindringst, was hörst du, obgleich alles stockdunkel ist? – Erzähle, was du hörst, wenn du in einer Zirkusvorstellung sitzt und deine Augen verbunden sind!
Weiterhin sollten die Schüler üben zu erzählen, was sich ereignet, wenn man alle Sinne, die uns mit der gegenwärtigen Welt verbinden, einmal außer Kraft setzt, wenn man die

Augen schließt und sich ein Erlebnis einbildet. Also erzähle, was du mit Hilfe der Einbildungskraft erleben kannst! Überlasse dich einmal deiner Phantasie. Erzähle einmal von einer Fahrt auf einer Geisterbahn, die du selbst in deiner Phantasie erfunden hast! – Erzähle, berichte von dem Hinabsteigen in einen Keller, dessen Tiefen und Unerwartbarkeiten du dir selber ausdenken kannst! – Berichte von einer Reise auf den Mond!
Ferner: Erzähle, wie du dich selbst entdeckt hast, wie du bemerkt hast, daß du einem falschen Antrieb nachgegeben hast, wie du dich bewährt hast, wie du dich über etwas aufgeregt hast und so fort. Themen sind möglich wie die folgenden:

- Wie ich mich einmal am liebsten geohrfeigt hätte
- Wie ich einem Freund aus der Patsche geholfen habe
- Wie ich es geschafft habe, im Weitsprung auf 4,20 m zu kommen

Und um Vorübungen zum Vergleichen und Unterscheiden mit dem Ziel der Verallgemeinerung zu machen, bieten sich folgende Themen an:

- Wie ich meinen Freund Ruprecht davon überzeugte, daß die Wale keine Fische sind
- Wie mich meine Mutter einmal von einem Vorhaben abbrachte, das mir, wenn ich es durchgeführt hätte, Schaden gebracht hätte.

Jede der genannten Erlebnis-Dimensionen gibt Stoff zu eigenen Übungen. Schließlich lernt der Schüler, die einzelnen Schreibweisen miteinander zu verknüpfen und ist dann imstande, nicht nur umfangreichere Erlebnisberichte zu verfassen, sondern vor allem auch Berichte von komplexeren, umfänglicheren Erlebnissen. Hier eine Liste möglicher Themen, die so formuliert sind, daß sie dem Schüler das Auffinden eines Höhepunktes erleichtern:

- Ein Zelt brennt (Pfadfinder-Zeltlager)
- Der Hauptdarsteller ist zu Beginn der Aufführung noch nicht da (bei einem Theater-Abend, den unsere Klasse gestaltet und durchführt)
- Unser Langhaardackel gerät bei einer wilden Jagd im Wald in Bedrängnis
- Sturz beim Voltigieren (bei Reitstunden)
- Gefährliche Situation (während einer Höhlenerforschung)
- Angst im Aufwind (bei meinem ersten Segelflug, auf dem Rücksitz der Maschine)
- Unentdeckte Maskierung (als Indianer-Häuptling beim Fastnachts-Nachmittag der Klasse 8)

3.2 Wir wenden uns Personen zu

Einführung

In diesem Abschnitt steht das adressatenorientierte Schreiben im Mittelpunkt. Genaugenommen ist jede Form des Schreibens adressatenbezogen, auch bei der Bearbeitung von Texten oder bei Textsorten, die Gegenwärtiges oder Gewesenes erfassen wollen, ist immer ein Adressatenbezug vorhanden, wie wir auch immer wieder betont haben. In allen Unterrichtsvorschlägen und Hinweisen zur Unterrichtsgestaltung haben wir außerdem versucht, einen solchen Adressatenbezug herzustellen.
Mit dem Brief und seinen verschiedenen Ausprägungsmöglichkeiten lernen die Schüler personenbezogene Schreibformen kennen, deren Bezug zu einem Partner gleichsam auf der Hand liegt, nicht implizit vorhanden ist wie bei anderen Textsorten. Die Wichtigkeit des Adressatenbezugs läßt sich für den Schüler an solch konkreten Formen wie dem

Brief eher nachvollziehen und dann auf andere Textsorten transferieren. Schon aus diesem Grund sollten der Brief und seine Formen im Unterricht breiten Raum einnehmen. Viele andere Textsorten und Textstrukturen lassen sich mit dem Brief verbinden. Im Brief wird das Miteinanderreden manifest, darum sprechen wir von Korrespondenz. Korrespondieren in diesem Sinne heißt: miteinander reden – aufeinander hören – aufeinander eingehen – einander etwas einräumen – miteinander streiten – miteinander nachdenken – einander ratend helfen usf. In diese Rahmen lassen sich nun die üblichen und gewöhnlichen Textsorten mühelos integrieren und mit einem personalen Empfänger verbinden. Ein Absender kann einem Adressaten eine Geschichte erzählen, dazu gibt der Brief den Rahmen ab, er kann ihm eine Beschreibung übermitteln, er kann ihm die Ergebnisse seiner Untersuchungen mitteilen, er kann ihm eine Szene beschreiben, darstellen, einen Bericht geben usf. Aber er kann dies alles vermittels des Briefrahmens in der besonders akzentuierten intersubjektiven Kommunikationsform.

Im Brief wendet sich der Schüler assoziierend, informierend, argumentierend einem ihm bekannten, in concreto vorstellbaren Partner zu. Dies hat den Vorteil, daß der Schüler zum Beispiel die Argumentation nicht ohne jedes personale Umfeld üben muß, sondern im Rahmen seiner Erfahrungen und im Blick auf ihm bekannte und vertraute Personen (Eltern, Geschwister, Freunde, Bekannte).

Es ist also nicht die Textsorte Brief das Entscheidende, sondern die Zuwendung zu einem Partner, auf den man sich einstellen muß. Der Schüler soll lernen, sich in einem möglichst konkreten Zusammenhang über sich selbst zu äußern, was gewiß nicht einfach ist – er soll lernen, anderen etwas mitzuteilen, sich dabei auf ihre Charaktere und Eigenarten einstellen – sich mit anderen und deren Positionen zu einem Sachverhalt, zu anderen Personen – auseinandersetzen. – anderen etwas beschreiben – etwas berichten – etwas erzählen – von jemandem für jemanden eine Charakteristik machen usf.

Wir schreiben an Privatpersonen Assoziierende und argumentierende Textstrukturen in der Textsorte Brief

Beginnen wir mit dem *persönlichen* Brief. In ihm kann der Schreiber damit rechnen, daß der Empfänger sich in der Situation des Schreibers auskennt wie auch umgekehrt der Verfasser die Situation des Empfängers kennt. Bei dieser Briefform muß der eine den anderen nicht erst langatmig über sich, seine Eigenarten, seine Verhältnisse usf. informieren, sondern kann diese Kenntnisse voraussetzen.

Der Schreiber, der den Empfänger gut kennt, der dem Empfänger vertraut, dem Vater, der Mutter, dem Bruder, dem Freund, dem Onkel, einem Klassenfreund, wird den Mut haben und die Sicherheit, sich selbst zum Thema eines Briefes zu machen. Er kann annehmen und voraussetzen, daß der Empfänger so viel Interesse an ihm hat, daß er seinen Brief aufmerksam liest und das, was er ihm sagt, beachtet. Umgekehrt bringt auch der Schreiber für seinen persönlich bekannten Partner mehr Interesse und größere Anteilnahme auf als für einen Fremden.

Das generelle Thema des persönlichen Briefes sind mithin das Selbst des Schreibers oder des Empfängers, ihre Freuden und Leiden, ihre Ängste und Hoffnungen, ihre Wünsche und Zweifel, ihre Meinungen und Ungewißheiten.

Indem der Schüler lernt, einen persönlichen Brief zu schreiben, lernt er, auf sich selbst zu achten, sich in den Blick zu nehmen, zu formulieren, was er eigentlich in sich vorstellt, ebenso auf einen anderen Menschen zu achten. Wir haben es mit einer Jahrgangsstufe zu tun, die noch genügend Phantasie hat, um

einschlägige, aber fingierte Situationen als reale zu behandeln; die aber auch unbefangen genug ist, ‚echte' persönliche Briefe zu schreiben.
Der persönliche Brief hat keine Ordnung des Aufbaues, das ist ganz in das Belieben des Schreibers gestellt: Es gibt kein allgemein anerkanntes und befolgtes, übliches Aufbau-Schema des persönlichen Briefes. Der Schreiber kann sich mithin freier und unbedenklicher äußern als in allen anderen Textarten. Aber da er sich im allgemeinen in einem persönlichen Brief selbst zum Thema macht, kann er doch dies an den mannigfaltigsten Nebenthemen durchführen, er kann etwa von sich selbst schreiben, indem er einen Menschen auf seine eigene, charakteristische, vielleicht gar eigenwillige Weise charakterisiert, indem er sich wiederum auf seine Weise zu einem Problem äußert usf. Immer ist er mit dabei, sich selbst zu äußern. Es ist aus diesen Gründen der persönliche Brief eine ganz und gar allen Einfällen offene Form. Es sollte nicht verboten sein, sich einmal richtig auszusprechen, sein Herz auf die Zunge zu legen, zu verdeutlichen, was man denkt und was man fühlt. Es ist eine so wichtige Übung, daß man lernt, den Ton zu finden, den man braucht, wenn man auf einen anderen zugehen will, wenn man einem anderen beispringen will.
Es seien einige Beispiele genannt, die zu solchen persönlichen Briefen anregen könnten:

– an den Vater:
  Warum brauche ich ein Mofa –
  Warum höre ich Jazz so gerne (den der Vater als Negermusik abqualifiziert)
  Warum mir Fußball gleichgültig ist (für welchen der Vater sich engagiert)
  Warum ich diese oder jene Zeitschrift lese (mit der mich der Vater nicht erwischen darf)

– an den Freund:
  Was ich so in der letzten Zeit erlebt habe
  Worüber ich mich in der letzten Zeit aufgeregt habe
  Warum ist Heinrich in unserer Klasse so unbeliebt
  Am letzten Samstag habe ich einen duften Baggersee entdeckt

Beispieltext

Liebe Luise,
gestern ist unsere Tante Anna wieder abgereist. Sie hat alle Mitglieder der Familie beschäftigt; unbeschreiblicher Wirbel entstand überall dort, wo sie sich gerade aufhielt. Wie der Blitz fuhr sie durch alle Zimmer, beanstandete dort, begutachtete hier, kritisierte das, fand jenes geschmacklos. Du kannst Dir vorstellen, was wir hinter uns haben. – Doch ist es uns gelungen, ihr zu verheimlichen, daß Joseph seit einiger Zeit ausgezogen ist und in einer Kommune lebt. Was sich ereignet hätte, wenn sie es erfahren hätte, kann man sich nur mühsam ausdenken. Irgendwie imponiert sie mir doch, mit ihrer Vitalität in dem hohen Alter. Im nächsten Jahr wird sie immerhin 75 Jahre alt. – Morgen fangen wir mit dem Packen der Koffer für die Ferien an, diesmal geht es nach Portugal. – Vater hat sich von seiner Nierenoperation noch immer nicht erholt. – Du hast übrigens das letzte Mal Deine Zahnbürste bei uns vergessen. Wie hast Du Dir denn die Zähne bisher geputzt? Aber unsere Kissenschlacht in meinem Zimmer war doch herrlich, nicht? – Kannst Du noch vor dem 15. Juni vorbeikommen? Ich möchte Dir so gerne meinen neuen Badeanzug zeigen. – Viele Grüße auch an Deine Eltern
von Deiner Freundin Gisela

Merkmale des persönlichen Briefes sind:
– vielfältige, oft nur angerissene Thematik
– assoziierender Fortgang
– Ich-Du-Kommunikation
– Kenntnis der gegebenen Situation und der gegebenen Verhältnisse ist vorausgesetzt
– Wortschatz und syntaktische Strukturen sind der Umgangssprache entnommen.

Der *informierende* (=beschreibend-berichtende) Brief setzt das Situative nicht in dem Maße voraus wie der persönliche Brief. Er muß Anliegen und Wichtigkeit der Sache, von welcher die Rede ist, umständlicher erläutern und begründen und immer die

Kenntnisse des Empfängers im Auge behalten. Informieren kann man über alles, wovon man selbst mehr weiß als der Adressat und wovon man annimmt, daß der Adressat etwas wissen wolle. Charakteristisch für den informierenden Brief ist, daß er sich auf das beschränkt, was dem Empfänger nicht bekannt ist, also auf das Neue.

Informierende Briefe werden dann geschrieben, wenn der Schreiber etwas Neues erfahren hat, etwas Neues gesehen hat, etwas Interessantes gelesen hat. Er gibt dem Empfänger etwas zum Nachdenken, etwas zur Unterhaltung, etwas zum Lachen, etwas zum Sich-Wundern. Der informierende Brief ist nicht notwendig ein belehrender. Er kann auch eine Geschichte nacherzählen, die Inhaltsangabe eines Filmes enthalten, Verhaltensweisen eines Menschen beschreiben, von welcher der Empfänger etwas wissen möchte. Der informierende Brief muß nicht einen real existierenden Empfänger haben, er kann auch an einen fiktiven Adressaten gerichtet werden.

Wir führen einige Themenbeispiele an:

– nach den Ferien:
  Wanderung in den Alpen
  Baden an der jugoslawischen Küste
  Versuch, an der Nordseeküste das Windsurfing zu lernen
  Verschmutzte Küstenstriche
  Paris
  Zeltbau auf dem Camping-Platz
– am Ende des Schuljahres:
  Wie ich es geschafft habe, im Weitsprung größere Weiten zu erzielen
  Wie ich es geschafft habe, in Französisch auf eine Zwei zu kommen

Erwähnt sei, daß wir dem an anderer Stelle schon behandelten Bericht im Brief eine andere Qualität geben: Wir verschaffen ihm einen Adressaten. Dies ermöglicht uns, den Bericht ganz auf die Bedürfnisse eines bestimmten Adressaten abzustimmen.

Solche Briefe schreiben wir

– nach Landschulheimaufenthalten (an die Großeltern) über das Essen, über die Wanderungen, über Sehenswürdigkeiten;
– nach den Ferien (an Freunde) über das neue Auto (Typbeschreibung und Bericht über die technische Bewährung des Fahrzeugs);
– nach dem Einkauf von technischen Geräten (an einen fiktiven möglichen Käufer) über den Gebrauch, die Vor- und Nachteile, den Preis eines solchen Gerätes (Plattenspieler, Kassettenrecorder).

Beispieltext

Sehr geehrter Herr Dr. Müller,
Sie werden sich gewundert haben, daß ich am Montag nicht zum Unterricht gekommen bin. Aber wir hatten einen ziemlich schweren Unfall, als wir am letzten Sonntag zu Besuch nach Frankfurt/Main gefahren sind.

Auf der Autobahn war nur geringer Verkehr. Die Straße war trocken. Da schrie plötzlich mein Vater, der am Steuer saß, auf. Das linke Vorderrad schoß unter dem Kotflügel hervor. Der Wagen geriet ins Schleudern, doch gelang es meinem Vater, durch geschicktes Gegenlenken den Wagen in der Spur zu halten und auf dem Mittelstreifen zum Halten zu bringen.

Wir stiegen aus und beguckten uns die Bescherung, als es auf einmal krachte. Unser Wagen wurde nach vorn gedrückt. Ich stand gerade vor der Kühlerhaube und wurde von der Wucht des Aufpralls zu Boden geworfen. Wie sich später herausstellte, war ein anderer Wagen auf den Mittelstreifen geraten und auf unseren Wagen aufgefahren. Kurz und gut, ich verlor das Bewußtsein und bin erst wieder im Krankenhaus in Rastatt aufgewacht, wo ich zur Zeit noch liege und von wo ich auch an Sie schreibe.....

Merkmale des informierenden Briefes sind:

– die einheitliche Thematik,
– das berichtend-gliedernde Fortschreiten,
– die neutrale Form der Kommunikation,
– die Information über alle zum Verständnis des Zusammenhanges erforderlichen Voraussetzungen.

Kommen wir nun zum *argumentierenden* Brief. Er entwickelt den informierenden Brief weiter, indem er in seinem Text zwei

Partner einführt. Der argumentierende Brief kann verschiedene Formen annehmen. Der Schreiber des Briefes ist der Kontrahent I, der Adressat der Kontrahent II.
Bei der einfachsten Form des argumentierenden Briefes teilt Kontrahent I seine Argumente in bezug auf irgendein Problem oder einen Konflikt einem Kontrahenten II mit. Dabei kann er seine Argumentation ganz auf die Erwartungen des Adressaten abstimmen. Angenommen, ein Junge schreibt an die Großeltern, um bei ihnen Widerstände gegen den Kauf eines Mofas auszuräumen und sie um einen finanziellen Zuschuß zu bitten. In diesem Fall wird er seine Argumente so wählen, daß alle Gründe, die die Großeltern möglicherweise vorbringen könnten (und die er schon von langen Diskussionen her kennt) entkräftet werden.
Eine komplexere Form liegt vor, wenn der Schreiber nicht nur die eigenen Argumente vorträgt, sondern – präventiv sozusagen – die möglichen Einwände und Argumente des Kontrahenten verbalisiert und dann mit seinen Argumenten zu entkräften sucht.
Eine weitere Möglichkeit ergibt sich, wenn Kontrahent I (Schreiber) und Kontrahent II (Empfänger) sich über einen Kontrahenten III auseinandersetzen, zu welchem sich beide kontrovers verhalten, oder zu dem der eine sich übereinstimmend, der andere kontrovers verhält. Schließlich sei noch eine Möglichkeit erwähnt, die den Schüler in Vorstufen der Erörterung führt. Das ist gegeben, wenn der Briefschreiber eine kontroverse Argumentation zwischen einem Kontrahenten II und einem Kontrahenten IV lediglich seinem Briefpartner mitteilt. Was sagt der eine zu dem Problem, was meint der andere, welche Haltung nehme ich selbst ein.
Es wird deutlich, daß der argumentierende Brief in der ersten Möglichkeit den Bericht, in der letzten Möglichkeit die Erörterung vorwegnimmt. Die Einführung der beiden Textsorten Bericht und Erörterung wird erleichtert, wenn die Schüler schon briefliche Vorformen kennengelernt haben. Beide Textsorten, Bericht und Erörterung, gleiten leicht ins allzu Abstrakte und Theoretische ab. Werden sie jedoch – anfänglich zumindest – in Briefform eingekleidet, behalten die Schüler festen Boden unter den Füßen. Sie lernen – bedingt durch das Medium Brief – zu konkreten, anschaulichen Problemen zu argumentieren.

Beispieltext

Lieber Klaus,
nach wie vor meine ich, daß wir ohne Herbert fahren sollten. Die Argumente Deines letzten Briefes haben mich nicht überzeugt. Herbert neigt zum Meckern, das weißt Du auch, am meisten dann, wenn es ihm unbequem wird. Als wir kürzlich auf Rigi gewandert sind mit unserer Klasse, da hat er böse gemault, als wir über die Leitern bei Weggis steigen mußten. Auch war ihm das Tempo zu schnell. Sein ununterbrochenes Maulen ist uns allen auf die Nerven gegangen. Der Hans Meyer hat ihm sogar Prügel angedroht, wenn er nicht das Maul halte.
Als wir oben waren, hat Ilse sich den Fuß verstaucht. Einfach umgeknickt. Es hat ihr sicher sehr weh getan. Herbert war der einzige, der keinen Rucksack trug. Meinst Du, er hätte Ilse wenigstens den Rucksack abgenommen? Wenn wir ihn nicht gezwungen hätten, dann hätte er sich um das Mißgeschick von Ilse nicht gekümmert. Natürlich bestreite ich nicht, daß Herbert ein guter, lustiger Kerl ist und immer Stimmung in die Bude bringt. Aber ob er für eine Hochtour in den Alpen, bei der es auf Hilfsbereitschaft und Gemeinschaftsgefühl ankommt, der geeignete Mann ist, das möchte ich bezweifeln. – Überlege Dir die ganze Sache noch einmal. …

Merkmale dieser Briefform sind:
- einheitliche, aber explizierend zugespitzte Thematik,
- Wechsel zwischen sach- und personenbezogenen Argumenten, da keine Abhandlung wissenschaftlichen Charakters,
- Explikation aller für den erörterten Zusammenhang wesentlichen Voraussetzungen,
- das diskursive Verfahren.

Der *erzählende* Brief ist von allen Briefen der anspruchsvollste, aber auch der ergiebigste, weil das Erzählen die differenzierteste und zugleich vielseitigste Schreibform ist. In einer Erzählung können ja alle anderen Textsorten gleichsam in spezialisierter Form vorkommen. Man kann in der Erzählung – dem erzählenden Brief – ein Gedicht unterbringen, eine kleine Novelle, eine Fabel, man kann dramatisieren, man kann romanhaft breit erzählen, man kann argumentieren, eine Rede halten usf.

Der erzählende Brief ist gleichsam das Experimentierfeld für alle Formen der speziellen Mitteilung. Wesentlich ist nur, daß sich die Erzählung – im Gegensatz zum Bericht – auf die Verbindung konkreter Merkmale stützt, daß sie alles in Bilder und Geschichten verwandelt. Mithin ist die *Geschichte* das eigentliche Thema der Erzählung wie des erzählenden Briefes. Beim Erzählen lernt der Schüler, sich Überblicke zu verschaffen, über die Umstände und Bedingungen hinaus das Gemeinsame wahrzunehmen, das sie bindet und verbindet.

Hans erzählt seinem Freund, wie er in den Ferien beinahe ertrunken wäre (über Hotel und Strand und Meer berichtet er, über das Entstehen der Gefahr, die akute Gefahr). Dies erzählt er, indem er das Meer rauschen läßt, indem er die beteiligten Personen sprechen läßt, indem er das Schiff, das kenterte, zu einem Teufelsding verfremdet, das sich der menschlichen Leitung entzieht und Kräften (dem Wind) gehorcht, die sich nicht meistern lassen.

Im erzählenden Brief setzt der Schüler also Bilder zu Geschichten zusammen, er erzählt nichts anderes als die Bildung solcher Bilder, ihr Ineinander-Übergehen und schließlich ihr Zurücksinken in das Schema-Bild der Welt, das wir im Alltag in seinen faden und langweiligen Konturen vor Augen haben. Also ist das Erzählen die je auf den Autor bezogene Spezialisierung des allgemeinen „Welt-Bildes".

Beispieltext

Liebe Mutter,
... als wir endlich gegen 4 Uhr 30 den Gipfel des Similaun erreicht hatten, schrie der Bergführer Hutterer laut hinaus „Berg-Heil" und umarmte mich aus Begeisterung. Wir setzten uns neben das Gipfelkreuz und warteten auf das Erscheinen der Sonne. Noch war die ganze Alpenkette nur in grauen, farblosen Konturen von dem langsam heller werdenden Nachthimmel zu erkennen. Es sollte noch eine ganze Weile dauern, bis die ersten Strahlen über den Himmel schießen und Farbe aussenden würden. Das wurde Hutterer zu lange. Er stand auf – und was ich Dir jetzt schildere, ist tatsächlich passiert. Stell dir den Gipfel vor, unter uns das Tal Madonna di Senales, senkrecht unter uns, etwa 1500 m unter uns. Der Berg fiel unmittelbar vor unseren Füßen senkrecht ab. Also der Hutterer stand auf und rief, er wolle prüfen, ob das überhängende Eis noch fest sei. Denn so um Ostern spürt man auch hier oben schon den Frühling, besonders wenn er so spät liegt wie heuer. Der Kerl geht also bis an den Rand der Wächte, so daß er jetzt frei über dem Abgrund steht. Zwar sieht man es nicht, aber man malt es sich in der Phantasie aus. Und jetzt „prüft" er, indem er kräftig mit dem Fuß aufstampft und dann anschließend hochspringt.
Nun, es ist nichts passiert, sei unbesorgt, aber der Kerl hat Nerven. Die hat er übrigens auch bei einer anderen Gelegenheit noch bewiesen...

Merkmale dieser Briefform sind:
- in sich geschlossene Thematik: eine „Geschichte",
- Spannung erzeugendes Fortschreiten, Rückblende, szenisches Präsens, Verweis auf Zukünftiges usf.,
- Mischung von Ich-Du-Kommunikation und Erzählhandlung,
- Darlegung aller zum Verständnis der Handlung erforderlichen Voraussetzungen.

Wir schreiben an öffentliche Personen

In diesem Bereich ist der ‚Offene Brief' die für uns wichtigste Form. Der offene Brief hat einen, mehrere, viele Adressaten. Er behandelt ein Thema, das alle, zum mindesten viele, angeht. Auch wenn er nur an eine einzelne

Person gerichtet ist, hat er im Grunde die Öffentlichkeit als Adressaten im Auge.
In diesen Bereich gehören auch Briefe mit standardisiertem Charakter, für deren äußerliche und inhaltliche Form feste Vorschriften gelten, wie Bewerbungsschreiben, Unfallmeldungen, Verlustanzeigen.
Wir beschäftigen uns hier nur mit dem offenen Brief und lassen diese standardisierten Formen außer acht.

Beispieltext

Liebe Fußballfans!
Ihr seid zu Recht von Euren Beckenbauers und Overaths und Müllers begeistert. Ihr seid ihre Anhänger, ihre Kulisse und ihre Peitsche. Ihr steigert ihre Leistungen, indem ihr sie anfeuert und treibt. Wenn ihr am Samstag oder am Sonntag Eure Punktespiele habt, dann laßt ihr keinen Stein auf dem anderen, dann bleibt kein Auge trocken, dann wächst lange kein Gras mehr an der Stelle, wo ihr Euch aufgehalten habt.
Vor und nach den Spielen wälzt sich eine ansehnliche Menge von Euch schreiend, pfeifend, aber auch grölend durch die Stadt. Wer sich Euch entgegenstellt, wird einfach beiseite gedrückt.
Glaubt nicht, daß alle Menschen so denken wir Ihr! Haltet Euch immer vor Augen, daß viele Euren Lärmen und Eure Sucht aufzufallen, mißbilligen, aber nicht wagen, dagegen aufzutreten! Seid tolerant!
Laßt auch andere gelten! Macht aus der schönsten Nebensache der Welt nicht einen Kriegs-Ersatz und einen Spießer-Terror!
Viel Spaß beim nächsten „schweren Spiel"!

Merkmale des offenen Briefes sind:
- allgemein interessierende Thematik; der offene Brief ist Mittel zur Herstellung einer Öffentlichkeit für ein Thema, das die Öffentlichkeit angeht, aber noch nicht bemerkt hat
- plakatives Vorgehen (rhetorische Fragen, Imperativsätze, Ellipsen, zugespitzte Ansprachen, Übertreibung [superlativisches Adjektiv], Ironie)
- Voraussetzung der allen gemeinsamen Situation
- unpersönliche Kommunikation „man" – „wir" – „ihr" – „sie"

Briefe im Unterricht

Der Brief ist eine Textsorte, die den Sach-Bezug mit dem personalen Bezug, mit subjektiven Auffassungen und Wertungen verbindet. Im Brief ist der Schreibende nie unbeteiligter Zuschauer, sondern immer mit hineingenommen in das Geschehen, ist selber Mitspieler. Selbst wenn er nicht beteiligt ist, wird er eben durch den Brief zu einem Mitspielenden. Der Brief ist ein hervorragendes Mittel, die Schüler zu Äußerungen zu motivieren, vor allem auch zum Äußern der eigenen Meinung. Der Schüler wird angeregt, einen angemessenen Ausdruck, einen adäquaten Ton zu finden.
Briefe lassen sich im Unterricht auf vielfache Weise integrieren. Wir nennen einige Möglichkeiten:

Rundlauf über ein Anschlag-Brett
Ein Schüler schreibt über ein Thema, das ihm am Herzen liegt, einen Brief an einen nicht näher bestimmten Empfänger. Er kann z.B. über einen interessanten, aktuellen Sachverhalt informieren, zu dem er sich kompetent äußern kann.
Sein Brief wird am Schwarzen Brett der Klasse angeheftet. Jeder der Mitschüler, der sich von der Sache oder ihrer Darstellung angesprochen fühlt, kann das Thema aufgreifen und selber einen Brief verfassen, der dann wiederum mit Hilfe des Schwarzen Brettes der ganzen Klasse zugänglich gemacht wird. Dies kann so lange fortgeführt werden, bis das Thema erschöpft ist oder die Schüler die Lust verlieren.

Leserbrief
Zu einem Thema, das die Schüler unmittelbar angeht und betrifft, lassen wir einen Leserbrief an die lokale Zeitung schreiben (sei es die Notwendigkeit eines Sportplatzes oder die Errichtung einer Fußgängerampel). Zwei Schüler werden mit einem Vorentwurf beauftragt, der dann in der Klasse diskutiert und endgültig ausformuliert wird.

Briefliche Sachdiskussion
Der Lehrer stellt ein Thema und läßt einzelne Schüler Recherchen anstellen und brieflich darüber berichten. Diese Briefe werden bei Gelegenheit in Umlauf gesetzt, damit jedes Mitglied der Klasse Einblick nehmen kann. Es lassen sich so auch kontroverse Gruppen bilden, welche einander ihre voneinander abweichenden Ansichten mitteilen.

Fächerübergreifender Unterricht
Der oftmals spröde Stoff im Fach Geschichte läßt sich veranschaulichen und lebendig gestalten, wenn man die Schüler auffordert, historische Sachverhalte in Form persönlicher Briefe aufzuarbeiten.
(1) Im Unterricht der Mittelstufe kann man die Schüler dazu motivieren, sich mit dem Thema „Hellenismus" intensiv zu beschäftigen. Sie sollen sich vorstellen, daß ein athenischer Junge zu Besuch nach Alexandria kommt und die Stadt und ihre Sehenswürdigkeiten besichtigt. Der Junge schreibt nun an seinen Vater in Athen über seine Eindrücke, berichtet, was er gesehen und erlebt hat...
(2) Der Sohn eines Ritters schreibt über seine Pagenzeit an einen Bruder, Onkel, an die Mutter...
(3) Ein Besucher der DDR schreibt über seine Erlebnisse an westdeutsche Bekannte, schildert z.B. einen Besuch in einem großen Kombinat...

Umgang mit Texten
In diesem Arbeitsgebiet des Deutschunterrichts hilft uns die Textsorte Brief bei der Erarbeitung und bei der Kontrolle des Textverständnisses.
(1) Die Schüler erhalten die Aufgabe, einen Brief an einen Freund aufzusetzen mit einer Inhaltsangabe der Böll-Erzählung, Die Waage der Baleks – sich in einem Brief über den Ausgang der Geschichte zu äußern – in einem Brief die Gestalt des kleinen Franz Brüchers darzustellen...
(2) Es gibt zahlreiche Texte, in denen man zwischen den im Text dargestellten Figuren eine fiktive Korrespondenz verfassen lassen kann. In der Geschichte von Ellis Parker Butler, Schwein ist Schwein (abgedruckt in: Lesen Darstellen Begreifen, 7, S.26) zum Beispiel werden zahlreiche Briefe erwähnt, ohne daß der Wortlaut mitgeteilt wird. Diese Briefe können die Schüler ausformulieren; unter Umständen werden ihnen bestimmte Auflagen gemacht, die sie zu beachten haben.

3.3 Wir erschließen und untersuchen

Einführung

Es ist außerordentlich wichtig, daß die Schüler in den Klassen 7/8 bereits in bestimmte grundlegende Methoden wissenschaftlichen Arbeitens eingeführt werden. Je eher die Schüler damit bekannt werden, desto eher ist die Gewähr gegeben, daß diese selbständigen Arbeitsformen dann auch in den Oberklassen beherrscht werden.
Es geht in diesem Zusammenhang vor allem darum, die Schüler zum selbständigen Verfassen von Texten aufgrund vorangegangener Materialbeschaffung anzuleiten. Eine solche Aufgabenstellung verlangt von den Schülern, Sachverhalte zu erfassen (dazu gehört eine gründliche Information), den Sachverhalt unter sachlogischen Gesichtspunkten zu gliedern und dann die Ergebnisse adäquat schriftlich wiederzugeben.
Bevor man größere selbständige Arbeiten, wie z.B. eine Untersuchung, von den Schülern verfassen läßt, müssen erst zwei fundamentale Arbeitsformen bekannt und geübt sein:
1. Erschließung des Materials (Beschaffung und Auswertung von Informationen)

2. Ausarbeitung (gliedernde Sammlung des Materials unter bestimmten Gesichtspunkten)

Die Ausarbeitung

Die Ausarbeitung besteht aus drei Phasen: in der ersten Phase findet eine *Erhebung* oder *Ermittlung* statt, in der zweiten findet statt eine *Erschließung,* das heißt die Zusammenstellung der Erkenntnisse, die sich aus der gedanklichen Bearbeitung der erhobenen Materialien ergeben, in der dritten Phase, der *Ergebnissicherung,* werden die Ergebnisse in einer angemessenen Form zusammengefaßt. Allein die Einübung solcher in sich geschlossener Arbeitsgänge lehrt die Schüler selbständige Arbeit. Diese Arbeitsgänge müssen ihnen in wechselnden thematischen Zusammenhängen nähergebracht werden, so daß sie ihnen zur Selbstverständlichkeit werden und am Ende der Mittelstufe zum festen Bestand ihrer methodischen Fertigkeiten gehört.

Wir geben einige Beispiele, wie eine solche Erschließung im Unterricht aussehen kann:
(1) Wir lassen über einen gewissen, nicht zu knappen Zeitraum weg Zeitungsausschnitte zu einem bestimmten Themenbereich – z. B. Drogengenuß von Jugendlichen – sammeln. Am besten geeignet sind lokal hervorstechende oder allgemein interessierende Themen. Jeder Schüler sammelt Texte aus Zeitungen, Zeitschriften usw., so daß er eine gewisse Text- und Materialmenge zu seinem Thema bereit hat.
Sodann werden diese Texte nach bestimmten Gesichtspunkten bearbeitet. Nächstliegend sind Kriterien inhaltlicher Art: Wer neigt zum Drogengenuß – Wie kommen die Leute an den Stoff – Was ist die Folge des Rauchens – Welches Schicksal erleiden solche Jugendliche schließlich – Wie kann ihnen geholfen werden – Was können wir selbst gegen Drogen tun – usf.
Aber ebenso sind Kriterien möglich, welche sich auf die sprachliche Struktur der Texte beziehen: Bildungsweisen der Substantive – Gebrauch der Adjektive – sonstige Attribuierungsweisen – Sprachschichtmerkmale – Akzeptabilität der Texte – Gebrauch der wörtlichen/nichtwörtlichen Rede – Signalisierung von Standpunkten.
Dabei ist wichtig, daß in der zweiten Phase die Zusammenstellung von Materialdetails und die Erschließung im engeren Sinne auch in der Schreibanordnung getrennt werden. Am Ende werden die Ergebnisse in einer entsprechenden Textform zusammengefaßt.

(2) Wir lassen in einer Erzählung untersuchen: Welche Handlungsphasen werden szenisch dargestellt, welche werden bloß berichtet, welche Personen werden wodurch charakterisiert, welche Personen werden an welchen Handlungsstellen durch welche wörtlichen Reden charakterisiert, welche Verbindungen lassen sich zwischen Naturbeschreibung und Handlungsabschnitt herstellen, welche Verbindung gibt es zwischen Personen und Milieu usf.

(3) Wir lassen die Schüler in der näheren Umgebung der Schule mit zuvor ausgearbeiteten Fragen ausschwärmen und die Passanten zu einem bestimmten Thema befragen. Bevor die Fragen endgültig festgelegt werden, müssen sich die Schüler vorher im klaren darüber sein, zu welchen Ergebnissen die Befragung führen solle.

(4) Wir lassen Schüler die Situation an bestimmten, schulnahen Verkehrsknotenpunkten der Stadt nach vorgegebenen, zuvor erarbeiteten Gesichtspunkten untersuchen und Verbesserungsvorschläge ausarbeiten.

(5) Wir lassen untersuchen, wie sich Schulordnung und Schulwirklichkeit zueinander verhalten. Dadurch werden die Schüler an-

gehalten, sich mit den sie täglich berührenden Problemen auf eine rational-klärende Weise auseinanderzusetzen. Das gewonnene Material kann zu verschiedenen Initiativen schriftlicher und mündlicher Art ausgearbeitet werden. (Anträge an die Lehrer, den Schulleiter; Rundschreiben an alle Schüler usw.)

Diese Anwendung der analytisch-synthetischen, also zweigliedrigen Arbeitsformen hat einen bedeutenden erzieherischen Wert. Sie bringt dem Schüler die Erfahrung, daß der zweite Schritt nicht gelingt, wenn der erste nicht mit der gebotenen Sorgfalt gemacht worden ist. Er wird erzogen, sorgfältig, genau, ökonomisch zu arbeiten. Vor allem wird er zu genauem Lesen erzogen. Diese Arbeitsform ist hervorragend für den Gruppenunterricht geeignet, weil sie die Gruppe an einen präzisen Auftrag bindet. Schließlich wird Kooperation geübt, wenn die Erledigung der Arbeitsaufträge Voraussetzung für das Erreichen des Unterrichtszieles ist.

Es sei noch in konkreter Form auf das Vorgehen bei der Erschließung eingegangen. Nehmen wir an, es handle sich um eine thematische Unterrichtseinheit, in welcher eine Sequenz über Balladen vorgesehen ist. Wie die Schüler bei einer selbständigen Bearbeitung bestimmter Fragestellungen vorgehen können, sei im folgenden dargestellt. Mit Absicht wählen wir die nicht eben leicht zugängliche Ballade von Bertolt Brecht:

Von des Cortez Leuten

Am siebten Tage unter leichten Winden
wurden die Wiesen heller. Da die Sonne gut war
gedachten sie zu rasten. Rollten Branntwein
von ihren Wagen, machten Ochsen los.
Die schlachteten sie gegen Abend. Als es kühl ward
schlug man vom Holz des nachbarlichen Sumpfes
armdicke Äste, knorrig, gut zu brennen.
Dann schlangen sie gewürztes Fleisch hinunter
und fingen singend um die neunte Stunde
mit Trinken an. Die Nacht war kühl und grün.
Mit heisrer Kehle, tüchtig vollgesogen
Mit einem letzten kühlen Blick nach großen Sternen
entschliefen sie gen Mitternacht am Feuer.
Sie schliefen schwer, doch mancher wußte morgens
daß er die Ochsen einmal brüllen hörte.
Erwacht gen Mittag, sind sie schon im Wald.
Mit glasigen Augen, schweren Gliedern, heben
sie ächzend sich aufs Knie und sehen staunend
armdicke Äste, knorrig, um sie stehen
höher als mannshoch, sehr verwirrt, mit Blattwerk
und kleinen Blüten süßlichen Geruchs.
Es ist sehr schwül unter ihrem Dach
das sich zu dichten scheint. Die heiße Sonne
ist nicht zu sehen, auch der Himmel nicht.
Der Hauptmann brüllt als wie ein Stier nach Äxten.
Die liegen drüben, wo die Ochsen brüllen.
Man sieht sie nicht. Mit rauhen Flüchen stolpern
die Leute im Geviert, ans Astwerk stoßend
das zwischen ihnen durchgekrochen war.
Mit schlaffen Armen werfen sie sich wild
in die Gewächse, die leicht zittern, so
als ginge ein schwacher Wind von außen durch sie.

Nach Stunden Arbeit pressen sie die Stirnen
schweißglänzend finster an die fremden Äste.
Die Äste wuchsen und vermehrten langsam
das schreckliche Gewirr. Später, am Abend
der dunkler war, weil oben Blattwerk wuchs
saßen sie schweigend, angstvoll wie die Affen
in ihren Käfigen, von Hunger matt.
Nachts wuchs das Astwerk. Doch es mußte Mond sein
es war noch ziemlich hell, sie sahn sich noch.
Erst gegen Morgen war das Zeug so dick
daß sie sich nimmer sahen, bis sie starben.
Den nächsten Tag stieg Singen aus dem Wald.
Dumpf und verhallt. Sie sangen sich wohl zu.
Nachts ward es stiller. Auch die Ochsen schwiegen.
Gen Morgen war es, als ob Tiere brüllten
doch ziemlich weit weg. Später kamen Stunden
wo es ganz still war. Langsam fraß der Wald
in leichtem Wind, bei guter Sonne, still
die Wiesen in den nächsten Wochen auf.

Bertolt Brecht, Von des Cortez Leuten. Gesammelte Gedichte, Bd. 1, Suhrkamp Verlag Frankfurt 1967

Wir stellen eine Reihe von Fragen, doch so, daß die Schüler erkennen, daß ihre Beantwortung gewisse Arbeitsgänge in der Erschließung des Textes voraussetzt. Hier werden nur die Anfangsfragen wiedergegeben:
In welchem Zeitraum geschieht das Berichtete?
Wer sind Cortez Leute?
(Notwendige Vorfrage, durch Nachschlagen zu beantworten: Wer war Cortez?)
Was *tun* des Cortez' Leute?
Was/wer wirkt (außerdem) mit?
Was geschieht mit Cortez' Leuten?
Zu der Frage: Was tun des Cortez' Leute? ist nun die folgende Arbeitsmethode erforderlich:

Erhebung	Erschließung
Text	Bedeutung
sie ... rasten	
machten Ochsen los rollten Branntwein von ihren Wägen schlachteten sie schlangen .. gewürztes Fleisch hinunter	essen, am Spieß braten, schlachten trinken, feiern die Leute haben Hunger, sie sind es gewohnt, üppig zu essen, sie trinken viel, sie singen,
fingen singend zu trinken an entschliefen gen Mitternacht am Feuer schliefen schwer	sie fühlen sich sicher, unbedroht, als Herren, die sich dies leisten können
mancher ... erwacht gen Mittag sie heben ächzend sich aufs Knie	das Erwachen zeigt eine veränderte Umwelt, Erstaunen, Verwirrung entsteht, Ungläubigkeit, dann aber – wie gewöhnlich –
sie sehen staunend armdicke Äste ... um sie stehen der Hauptmann brüllt ... nach Äxten ...	Wut, Schrei nach den Waffen, nach Gewalt, nach Rache, nach der Vernichtung der Hindernisse

(sie)...stolpern mit rauhen Flüchen
im Geviert...
mit schlaffen Armen werfen sie
sich wild in die Gewächse
nach Stunden Arbeit pressen sie die Stirnen
an die fremden Äste
am Abend saßen sie schweigend wie Affen...
im Käfig...von Hunger matt...

sie sahn sich noch
gegen Morgen sie sich nimmer sahen
bis sie starben
— sie sangen sich wohl zu

beginnt der Kampf, die wilde Raserei,
das Sich-Aufbäumen

überkommt sie die Gewißheit
der Niederlage, der Machtlosigkeit,
der Verlorenheit, der Hoffnungslosigkeit,
die Anerkennung der Übermacht
des Waldes, der Äste
ihre Gemeinschaft löst sich auf
sie verschwinden

Dieses Ergebnis soll nun zusammengefaßt werden. Es enthält einen ersten Zugang zur Ballade, jedoch noch nicht die Deutung ihres parabolischen Sinnes. Doch sehen die Schüler nun: Es handelt sich um ein Gedicht über Macht und Ohnmacht, über die nichtexistente Korrespondenz von Naturgewalt und Menschengewalt.

Die Argumentation

Die Argumentation oder gliedernde Stoffsammlung ist eine ebenso selbständige operationale Arbeitseinheit wie die Ausarbeitung, sie unterscheidet sich von der Erschließung aber dadurch (und geht darin über diese hinaus), daß sie eine intensivere gedankliche Auseinandersetzung mit den Sachverhalten des gewählten Themas erfordert und daß sie vor allem den Prozeß der Begriffsbildung sprachlich erfaßt und in Form einer elementaren Systematisierung darstellt.
Verdeutlichen wir das an einem Beispiel:
Im Gange des Unterrichtes sind wir auf die Frage gestoßen, ob der technische Fortschritt sich immer günstig auf das Leben der Menschen ausgewirkt hat und auswirkt. Wir wissen, wieviel Gutes und unser Leben Entlastendes der technische Fortschritt gebracht hat. Aber nun wollen wir uns Gedanken machen über die Nachteile, die schädlichen Auswirkungen der technischen Entwicklung. In der dazu vorgesehenen Stunde erarbeiten wir eine Sammlung von Argumenten zu der Frage: „Hat der technische Fortschritt auch negative Folgen?“
Es braucht kaum erwähnt zu werden, daß selbstverständlich eine Klasse dieses Thema nicht aus dem Stegreif argumentativ besprechen kann. Die Argumentation setzt eine gewisse Menge von Kenntnissen und gedanklicher Auseinandersetzung mit einem Sachverhalt voraus.
Gehen wir nun von einer konkreten Unterrichtssituation aus. Es erfolgt der Zuruf: Ölpest. Damit ist aber noch zu wenig gesagt. Man muß darauf bestehen, daß Argumente in Satzform geäußert werden, weil anders nicht klar wird, in welcher Hinsicht Ölpest im weiteren Zusammenhang verstanden werden will. Ohne eine solche nähere Bestimmung ist eine Gruppierung der weiteren Argumente nach übergeordneten Gesichtspunkten (Subsumtion) nicht möglich.
Ein solches Argument muß in ausführlicher Diskussion erarbeitet werden. Die Schüler sollen lernen, daß man bei Formulierungsdebatten nicht um Worte streitet, sondern um den klaren Sinn, und daß dieser Streit um die klarste Bestimmung de facto ein konkreter Erkenntnisprozeß ist. Hier dürfen wir uns nichts schenken.
Nehmen wir an, daß wir folgenden Satz formulieren:

In den letzten Jahren häufen sich Havarien von Öltankern; das auslaufende Öl schädigt die Fischerei und die Küstenlandwirtschaft, aber auch den Fremdenverkehr (Verschmutzung von Sandstränden).
Dieses Argument hat nicht nur einen inhaltlichen Aspekt, es deckt auch einen bestimmten Geltungsbereich ab, der durch den Begriff markiert wird, unter den es subsumiert werden kann. Von daher wird verständlich, daß im ersten Argument einer Stoffsammlung immer auch gewisse weiterführende Argumente angelegt sind. In unserem Argument zum Beispiel werden angesprochen: die schädigenden Stoffe, die geschädigten Erwerbszweige wie auch der geschädigte Naturbereich, das Meer. Auf solche Verweisungen müssen die Schüler achten lernen, nur dann können sie eine systematische Stoffsammlung durchführen. Wird das vernachlässigt, entsteht lediglich eine Sammlung zufälliger Gedanken, die nur unter Schwierigkeiten systematisiert werden kann.
Ist das erste Argument einmal formuliert, läßt sich die Stoffsammlung auf zwei Arten ausbauen. Der erste Weg besteht aus dem Ausbau des Geltungsbereichs, den das erste Argument angesprochen hat. Es läßt sich erweitern und ergänzen in Richtung auf schädliche Stoffe, geschädigte Erwerbszweige oder geschädigte Naturbereiche.
(1) Die erste Vorgehensweise würde sich also der Frage bedienen: Was gehört noch in diese Bereiche?
Darauf müßte dann aufgezählt werden:

- Autoabgabe und Industrieabgase verseuchen die Atemluft der Großstädte.
- Emissionen von Kernkraftwerken schädigen die umliegende Landwirtschaft.

Hat man eine solche gliedernde Struktur entdeckt, so ergeben sich die diese Gliederung ergänzenden Argumente leichter, die gliedernde Struktur ist somit auch eine Hilfe bei der Entdeckung von Argumenten.
Gliedert man im Hinblick auf die geschädigten Naturbereiche, so richtet man sich nach der Ordnung der Naturbereiche wie Luft, Wasser, Erde.
Geht man nach den schädigenden Stoffen vor, so gliedert man im Hinblick auf Gase, Flüssigkeiten, Strahlen usf.
Geht man nach geschädigten Erwerbszweigen, so gliedert man im Hinblick auf Fischerei, Landwirtschaft, Waldwirtschaft u. a. m., dazu Erholungsbereichen usf.

(2) Der zweite Weg sucht andere Geltungsbereiche des Arguments zu finden, die jeweils wieder ausgebaut werden können. Er bedient sich des Leitfadens: Welche Bereiche sind von dem ersten Argument nicht berührt worden? Welche anderen Bereiche der schädigenden Auswirkungen des technischen Fortschrittes gibt es außerdem?

- Baumaschinen erzeugen einen so starken Lärm, daß er bei den Umwohnern zu Schäden am Innenohr, zu Beeinträchtigungen des Hörvermögens führen kann.
- Regelmäßiger Flugzeuglärm über Wohngebieten kann bei den Bewohnern zu gesundheitlichen Schäden führen.

Hier wird also der Bereich ans Licht gehoben, der Lärm als Ursache für organische und psychische Schädigungen. Es werden angesprochen vor allem die Organe des Körpers, welche geschädigt werden können wie Ohr, Auge, Lunge, Haut usf.

Diese beiden Wege der Stoffsammlung schließen sich gegenseitig nicht aus; erst zusammen machen sie eine vollständige Stoffsammlung aus.
In welcher Reihenfolge bei der Stoffsammlung vorgegangen wird, ist unerheblich; wichtig ist nur, daß beide Methoden der Stoffsammlung zur Anwendung kommen.
Zu unserem Beispielthema wurde im Verlauf einer Unterrichtsstunde folgende Stoffsammlung erstellt:

- Autoabgase verpesten die Luft, besonders in der Höhe, in welcher Kinder atmen.

- Industrieabwässer, die ohne Klärung in die Gewässer gelangen, verunreinigen das Wasser oder vergiften es.
- Niedrig fliegende Düsenflugzeuge lassen Fenster zerspringen, decken Häuser ab, bringen Mauern zum Einsturz.
- Erdkröten, welche beim Laichzug eine Straße überqueren, werden von den Autos zu Tausenden überfahren. Dadurch wird in das natürliche biologische Gleichgewicht der Region eingegriffen.
- Abfälle, die nicht kompostieren und die irgendwo weggeworfen werden, wirken sich schädlich auf den Pflanzenwuchs aus.
- Aus Kaminen und Schornsteinen austretender Qualm legt sich über bewohnte Gebiete und erschwert das Atmen, schädigt die Lungen, besonders bei bestimmten Wetterlagen und Luftdruckverhältnissen.
- Schiffe, welche ihr verbrauchtes Maschinenöl in die See ablassen, zerstören die Lebensgrundlage der im Wasser lebenden Tiere.

Eine Gliederung dieser Stoffsammlung läßt sich auf folgende Weise durchführen:

- indem man zusammenfaßt, *womit* die Technik die Umwelt verschmutzt und andere Nachteile bringt, wie Abgase, Abfälle, Lärm, verbrauchte Stoffe, verbrauchte Energieträger usf.;
- oder indem man zusammenfaßt, *was* und *wer* besonders geschädigt wird, wie Luft, Wasser, Erde, Tiere, Menschen;
- oder indem man zusammenfaßt, *mit welchen Folgen* man zu rechnen hat, wie Krankheiten der Atmungswege, Beeinträchtigung des Wohlbefindens des Menschen überhaupt, Verminderung der Fruchtbarkeit des Bodens, Einschränkung der Artenvielfalt der Tiere, Verminderung der Lebensräume mancher Tiere, Eingriffe in das Gleichgewicht der Natur usf.

An diese Gliederung schließt sich an die Darstellung. Sie besteht aus den Abschnitten, welche die Gliederung ergeben hat und schafft einen Überblick über die Komplexität des behandelten Problems, ohne Vollständigkeit anzustreben.
Diese Ausarbeitung kann auch in einfacherer Form durchgeführt werden, etwa ohne leitende Fragestellung, lediglich zur Verselbständigung der Schülerarbeit im Unterricht.

Die Ausarbeitung wäre etwa anwendbar bei der Lektüre von Texten. Bei der Behandlung des Wilhelm Tell von Schiller z. B. zur Beantwortung der Frage: Warum führte die Behandlung, welche die Schweizer Bauern von Gessler erfuhren, zur Idee, einen Aufstand durchzuführen? –
Bei der Lektüre verschiedener Zeitungen die Frage, welche Sportmetaphern in welchen Zusammenhängen gebraucht werden.
Auch in anderen Fächern, z. B. in Geographie oder Geschichte, kann die Ausarbeitung mit Gewinn eingesetzt werden.

Die Untersuchung

Die Untersuchung ist die elementare Form der Facharbeit; sie kann von der 7. Jahrgangsstufe an bis zum Ende der 13. – mit wachsendem Schwierigkeitsgrad – geübt werden. Von den meisten Schülern wird sie mit Eifer und Freude ausgearbeitet, sofern sie von der Sache her verstanden haben, worum es gehen soll.
Diese Arbeitsform setzt ein Grundverständnis des Zusammenhanges von Ursache und Wirkung voraus. In dieser Einführung sprechen wir aber zuerst von dem Phänomen „Wirkung“ und erst dann von dem Phänomen „Ursache“, weil wir davon ausgehen, daß Wirkungen von uns „früher“ bemerkt

werden als Ursachen, obgleich wir im kategorialen Verstande sie nicht „als solche", ihrem Begriffe nach, erkennen. Unser intellektuelles Vermögen „arbeitet" also mit diesem für das wissenschaftliche Denken fundamentalen Strukturverständnis auch dann schon, wenn wir selbst die Worte, welche die Begriffe bezeichnen, noch nie gehört haben. Wir müssen dieses Strukturverständnis ebensowohl der Sache wie dem Begriffe nach erst entdecken, und dies heißt bewußtmachen.

Wir verlassen uns bei der Einführung in diese Arbeitsform darauf, daß auch die Schüler der 7. und 8. Jahrgangsstufe bereits ein solches grundlegendes Strukturverständnis von „Kausalität" besitzen, ohne es zu wissen, wenigstens nicht expressis verbis, und daß es im Unterricht darauf ankomme, diese Wirkungszusammenhänge differenzierter bewußtzumachen. Wir nehmen an, daß sich Kausalzusammenhänge nicht einfach durch bloße Mitteilung einsichtig machen lassen, sondern Schritt für Schritt erarbeitet werden müssen.

Dabei sollte man „Kausalität", also den Zusammenhang von „Wirkung" und „Ursache" von dem anderen Zusammenhang „Grund" und „Folge" unterscheiden, ohne ihn mit den Schülern zu erörtern. Es genügt, wenn der Lehrer sich dieses Unterschiedes bewußt ist.

Wirkungen entdecken und beschreiben

Zuerst soll der Schüler also *etwas als Wirkung* verstehen lernen. Dies tut er in einem gewissen Maße „immer schon", denn er hat so etwas wie einen intellektuellen Instinkt. Er entdeckt den Zusammenhang zwischen einem erwärmten Felsen (Wirkung) und der Sonneneinstrahlung (Ursache); aber er soll weiterhin entdecken, daß dieser Kausalzusammenhang noch in höchstem Grade vage und uneindeutig ist und erst einen kleinen Schritt zur adäquaten Erhellung des Sachverhaltes hin bedeutet.

Wir helfen ihm, sich das Phänomen bewußtzumachen, wenn wir ihm das scheinbar Selbstverständliche fragwürdig machen, wenn wir ihn das Staunen über das lehren, was er normalerweise übersieht. Wir stellen einige solcher Fragen zusammen:

- Warum ist der Himmel blau?
- Warum kann man eine Tür öffnen, wenn man die Türklinke herunterdrückt?
- Warum kann man, wenn man einen Brief in einen Briefkasten wirft, damit rechnen, daß er innerhalb einer angemessenen Zeitspanne an den Adressaten gelangt?
- Warum kann Dampf Maschinen antreiben?
- Warum ging die Kultur der Maya unter?
- Wie entstehen Strahlströme?
- Wie verhält sich ein Regenwurm bei Lichteinflüssen?

Die zuletzt genannten Themen sind schon von Schülern der 7. Jahrgangsstufe bearbeitet worden.

Die Warum-Frage ist mithin bereits der Ausdruck eines stattgehabten Erstaunens und Sichverwunderns über ein bisher kaum bemerktes und übersehenes, als belanglos erachtetes Phänomen.

Es ist also die erste Aufgabe, ein irgendwie bemerkenswert erscheinendes Phänomen in seiner Wirkung zu beschreiben. Um dies anschaulicher zu machen, explizieren wir das folgende an einer Schülerarbeit, die im Schuljahr 1967/68 von Christoph Renning, einem Schüler der UIII b des Kepler-Gymnasiums in Freiburg im Breisgau geschrieben wurde. Das Thema lautete: „Warum kann Dampf Maschinen antreiben?" Das Phänomen beschrieb der Verfasser als Wirkung in der folgenden Weise:

„Dampf – dieses Wort war im 19. Jahrhundert der Inbegriff der Technisierung. Fast alles, was sich ohne Muskelkraft bewegte, wurde durch Dampf getrieben: Lokomotiven, Schiffe, sogar einige Personenwagen, die Vorläufer des Autos. Dampfmaschinen bewegten die Förderkörbe in Bergwerken,

sie trieben die Bohr- und Schleifmaschinen der Fabriken. Sie wurden von allen größeren Industrieunternehmen, selbst von Brauereien benutzt.
Heute sieht es freilich ganz anders aus. Dampflokomotiven und Dampfschiffe sind am Aussterben, die Fabriken benutzen an Stelle von Dampfmaschinen Elektromotoren.
Doch auf einem Gebiet hat sich der Dampf als Antriebskraft behaupten können: Bei der Stromerzeugung. Mit Dampf werden die Turbinen hochmoderner Elektrizitätswerke getrieben."

Der Abschnitt zeigt, worauf es ankommt. Es soll das Phänomen als Wirkung in der ganzen Breite seiner Erscheinungen beschrieben werden, also schlechthin alle Erscheinungsformen der in ihrem Ursachencharakter uns noch unbekannten „Fähigkeit" des Dampfes, Maschinen anzutreiben.
Ein anderer Schüler aus derselben Klasse schrieb unter dem Thema „Wie entstehen Strahlströme?" zur Charakterisierung der „Wirkung" des Phänomens:

„An einem sonnenklaren Tag des Jahres 1944 flog ein Langstreckenbomber der amerikanischen Luftwaffe vom Typ B 29 brummend über den Pazifischen Ozean. Seine Besatzung hatte den Auftrag, ein Ziel in Japan anzugreifen. Es waren ausgeruhte, kampferprobte Leute, und der Wetterbericht hatte günstige Flugverhältnisse versprochen. Nichts schien einem erfolgreichen Einsatz im Wege zu stehen.
Aber je weiter die Maschine sich vom Festland entfernte, um so beklemmender wurde ein Gefühl, das zuerst den Flugzeugführer, dann die ganze übrige Besatzung beschlich. Am Anfang glaubten die Männer an eine Täuschung. Doch bald wichen ihre Zweifel. Irgend etwas bremste den Flug! Es war, als ob eine unsichtbare Hand am Heck der B 29 zerrte. Die Motoren gaben ihr Äußerstes, aber das Flugzeug kam nur mühsam vom Fleck. Eine Inselgruppe im Meer, die bei früheren Einsätzen rasch überflogen worden war, blieb verteufelt lange im Blickfeld – schließlich stand der Bomber fast still in der Luft.
Was war geschehen? Die B 29 war in einen Strahlstrom geraten, eine jener tückischen schlauchförmigen Zonen in der Luft, wo der Wind mit ungeheurer Geschwindigkeit von West nach Ost dahinpfeift. Gegen die Gewalt dieses orkanartigen Höhensturmes kämpften die Motoren der B 29 vergeblich an. Die Piloten erreichten ihr Ziel an diesem Tage nicht. Sie mußten ihre Bomben ins Meer fallen lassen und unverrichteterdinge nach Hause zurückkehren."

Im Anschluß berichtet der Verfasser, daß die Japaner das Phänomen schon gekannt hätten und es auszunützen versucht hätten, indem sie Spezialballone konstruiert hätten, die im Strahlstrom über Amerika hätten gelangen sollen und amerikanische Wälder hätten entzünden sollen, ein Unternehmen, dem kein Erfolg beschieden gewesen sei. Er fährt fort:

„Das kuriose Ballonunternehmen geriet bald in Vergessenheit. Nicht vergessen aber sind die Strahlströme, deren Bedeutung im modernen Luftverkehr zusehends wächst. Schon heute sind sie für viele Verkehrsflugzeuge zu dem geworden, was die Passatwinde über den Meeren seit Jahrhunderten für die Segelschiffe gewesen sind: ein Geschenk der Natur, das, richtig genutzt, Kraftstoff sparen und Reisezeiten verkürzen hilft.
Der Pilot eines Verkehrsflugzeuges, der sich beim Flug glücklich im Inneren eines Jets befindet, muß achtgeben, daß er diesen Kurs beibehält. Dies zeigt eine bedrohliche Tatsache. Wird das Flugzeug infolge eines plötzlichen Vorstoßes von kalter Polarluft aus seiner Richtung gedrängt, so kommt es in eine ‚Böenzone'. Eine solche Böenzone hat wahrscheinlich am 10. 1. 54 beim Absturz des britischen Düsenflugzeuges ‚Comet' über dem Mittelmeer eine verhängnisvolle Rolle gespielt und wirkt vielleicht mit bei den vielen Flugzeugabstürzen der heutigen Zeit, vor allem im Winterhalbjahr."

Untersuchungsschritte protokollieren

Hat der Schüler die Erscheinungsformen der Wirkungen einer ihm noch unbekannten und unerkannten Ursache so systematisch wie möglich dargestellt, beginnt der zweite Tag der Untersuchung, die Darstellung aller Handlungen, welche er unternommen hat, um eine Antwort auf die Thema-Frage zu erreichen. Dies ist nun der entscheidende Vorgang. Der Schüler beschreibt selbst den Arbeits- und Lernprozeß, den er in Gang gesetzt hat, um die Frage zu lösen. Ausdrücklich gehört dazu auch die Aufzeichnung aller

Schritte, die er unternommen hat, auch gerade jene, die nicht ins Ziel führten, sondern auf Umwege ablenkten.
Der Schüler lernt auf diesem Wege allmählich, bei wachsender Erfahrung, den kürzesten Weg ins Ziel zu finden, er lernt, sich selbst zu kontrollieren, er lernt, aus seinen Fehlern, die er selber zu spüren bekommt, weil sie ihm unter Umständen zusätzliche Arbeit gemacht haben.

„Das Rätsel der Strahlströme zu erforschen, war nun mein Ziel.
Eine Frage beschäftigte mich: Wie macht es die Natur, daß in einer leicht bewegten Luft plötzlich ein Sog auftritt? Wie kommt es, daß die Luft in einer schmalen, deutlich abgrenzbaren Zone unvermittelt davonschießt, daß sie wie ein Sturzbach in rasender Geschwindigkeit alles mit sich reißt, was ihr in den Weg kommt? Für das Geheimnis der Strahlströme habe ich mich noch nie ernstlich interessiert. Wohl wußte ich, daß in vielen tausend Metern Höhe eine warme Luftströmung herrscht, der sogenannte Golfstrom im Meer der Luft, und daß in diesen Zonen die Flugzeuge schneller vorwärts kommen, und daß Hoch- und Tiefdruckzonen, Kalt- und Warmlufteinbrüche wetterbildend sind, erklären uns die Meteorologen des Deutschen Fernsehens fast allabendlich anhand der Wetterkarte. Über die Entstehung von Strahlströmen war mein Wissen wenig und unzureichend, so daß ich nach wissenschaftlichen Berichten suchte. In unserem Lexikon ‚Der Neue Herder' war über dieses Thema leider nichts zu finden. Ich begab mich in die Jugendbücherei, die viele Fachbücher besitzt, und wählte für meine Arbeit das Buch ‚Sonne, Wolken und Wind' von Ludwig Kapeller aus. Der Verfasser führt die Tatsache an: Die Strahlströme treten zwischen sechs- und fünfzehntausend Meter Höhe auf und wehen während der Sommermonate in größeren Höhen als im Winter. So können sie phantastische Windgeschwindigkeiten von 500, 600 km stündlich und mehr erreichen. Man trifft sie auf der nördlichen Halbkugel ebenso wie im Süden, und in beiden Fällen bevorzugen sie eine Zone, die sich – etwa dreitausend Kilometer vom Äquator entfernt – in wechselnder Breite um den ganzen Erdball zieht. Die Strahlströme treten über den mittleren Breiten auf und vorwiegend in westöstlicher Richtung. Für die Wissenschaftler war das ein wichtiger Fingerzeig. Sie konnten daraus schließen, daß die Temperaturverteilung auf der Erde zusammenhing. Tatsächlich stellte sich heraus, daß überall dort, wo ein Strahlstrom fließt, warme Luft aus den Tropen auf kalte Polarluft stößt. Dazu ein Beispiel. Denken wir uns ein Hoch über den Azoreninseln im Atlantik. Westlich und östlich von diesem Hoch sollen Tiefdruckgebiete liegen. Im Norden, über Island, sei der Kern eines kräftigen Tiefs, das seinerseits im Westen und im Osten von Hochdruckgebieten flankiert ist. Unter diesen nicht gar so seltenen Bedingungen strömt warme Luft zwischen dem Azorenhoch und dem westlich davon gelegenen Tief nach Nordosten. An der Westseite des Islandtiefs hingegen fließt kalte Polarluft nach Südosten. Beide Luftströme treffen sich etwa über dem fünfzigsten Breitengrad, um hier eine sogenannte Wetterfront, ein Gebiet starker Temperaturgegensätze, zu bilden. Rund zehn Kilometer hoch in der Wetterfront liegt die Geburtsstätte unserer rasenden Winde. Zwischen der warmen und der kalten Luft nämlich, das weiß jeder Wetterkundige, besteht in großer Höhe ein starker Druckunterschied. Und da die Luft wie jedes Gas bestrebt ist, Druckunterschiede auszugleichen, tut sie es auch hier. Nach den Gasgesetzen beginnt sie, von der warmen nach der kalten Seite zu wehen. Ist der Temperaturunterschied besonders groß, so wird ihre Bewegung stürmisch. Es ist wie zwischen zwei Wassergräben, die in verschiedener Höhe um einen Bergkegel fließen. Quillt der obere Graben über, so strömt sein Wasser – dem Gefälle des Berghangs folgend – zum unteren Graben, ähnlich wie die Luft auf ihrer Reise vom warmen Gebiet (Süd) nach dem kalten (Nord). Nur mit einem Unterschied: Während das Wasser den unteren Graben auf direktem Wege erreicht, wird die ursprüngliche von Süd nach Nord gerichtete Bewegung der Luft durch die Kraft der Erddrehung abgelenkt. Sie fließt – da wir uns auf der Nordhalbkugel befinden – nach rechts. So entsteht schließlich eine Bewegung von West nach Ost: der Strahlstrom ist geboren."

Wir lassen noch einmal den Schüler zu Wort kommen, der das Thema: „Warum kann Dampf Maschinen antreiben?" bearbeitet hat. In dem Abschnitt Untersuchung schreibt er:

„Wie ist es denn möglich, daß in dem leichten, fast unsichtbaren Stoff Dampf eine solche Kraft steckt? Diese Frage stellte ich mir. Ich konnte keinerlei Erklärung dafür finden. Deshalb schlug ich im Großen Brockhaus, 1957, Band III, auf den Seiten 27 und 28 unter ‚Dampfmaschine' nach. Hier wurden aber nur Funktionsweisen verschiedener Dampfmaschinen erklärt. Nun blätterte ich zurück

auf Seite 25 zu dem Stichwort ‚Dampf'. Ich fand eine komplizierte, schwer verständliche chemisch-physikalische Definition des Dampfes. Weitergeholfen wurde mir dadurch nicht.
Jetzt entschloß ich mich zu einem Gang in die Stadtbücherei. Dort schaute ich zuerst im Brockhauslexikon der Naturwissenschaften und im Kosmos-Lexikon unter den vorhin erwähnten Stichworten nach, fand aber nichts Neues.
Nun ließ ich mir von der Bibliothekarin einige leicht verständliche Bücher über Dampfenergie vorlegen, aber alle Bücher behandelten nur die verschiedenen Konstruktionsformen einer Dampfmaschine.
Zu Hause schlug ich in meinem Physikbuch (Grimsehl, Physik I, 1960) das Kapitel 30 ‚Verdampfen und Kondensieren' nach. Auf der Seite 70 stand: Der entstehende Wasserdampf nimmt einen 1700mal so großen Raum ein wie die Wassermenge, aus der er entstanden ist. Dabei entsteht Überdruck.
Nun glaube ich, eine Antwort auf meine Frage gefunden zu haben: Das Wasser im Kessel der Dampfmaschine wird erhitzt, es entsteht Dampf und dadurch Überdruck. Der Dampf entweicht aus dem Kessel in ein Rohr, um gleichen Druck in Rohr und Kessel herzustellen. Dabei treibt er den Kolben der Maschine.
Am Ende der nächsten Physik-Stunde fragte ich Herrn Sommer, unseren Physiklehrer, ob meine Vermutung stimme. Er bestätigte sie mir. Ich freute mich, zu einem richtigen Ergebnis gekommen zu sein."

Sachdarstellung des Ergebnisses

Der Schüler wird schließlich das Ergebnis seiner Nachforschungen so eindeutig wie möglich darstellen. Er wird versuchen, den Mechanismus von Ursache und Wirkung so unmittelbar, so präzis wie immer möglich zu beschreiben.
Der Schüler, der über „Wie entstehen Strahlströme?" schrieb, kam zu dem folgenden Ergebnis:

Unter den großen und wilden Stürmen unseres Planeten hat der Mensch bisher nur einen einzigen in seine Gewalt gezwungen oder besser: er hat ihn mit mehr oder weniger Erfolg auszunutzen gelernt. Flieger haben diesen Wind ‚den Golfstrom im Meer der Luft' genannt, weil er in seiner typischen Gestalt wie ein Schlauch am Himmel dahinzieht. Es ist der Strahlstrom oder Jet-Stream. Die Wissenschaftler haben festgestellt, daß, je wärmer die warme Luft, je kälter die kalte ist, um so größer auch das Druckgefälle in der Höhe und um so größer die Geschwindigkeit des Jets ist, der wiederum in seinem Inneren die stürmischsten, an seinen Rändern die weniger heftigen Winde aufweist. Strahlströme entwickeln sich also unter gewissen Bedingungen zwischen kalten und wärmeren Luftmassen. Diese Karte zeigt eine typische Strahlstrom erzeugende Wetterlage über dem Atlantik. Zwischen dem Hoch (unten) und dem Tief (über Island) treffen sich kalte (k) und warme (w) Luftmassen.

Der Schüler, der über „Warum kann Dampf Maschinen antreiben?" schreibt, gibt sein Ergebnis wie folgt wieder:

Man kann abschließend zusammenfassen:
Wenn das Wasser im Kessel einer Dampfmaschine auf 100 Grad erhitzt wird, entsteht Wasserdampf. Da der Dampf einen viel größeren Raum einnimmt als das Wasser, aus dem er entstanden ist, herrscht im Kessel Überdruck. Der Dampf entweicht, vom Druck im Kessel getrieben, in ein Rohr, um einen Druckausgleich herzustellen. Dabei bewegt er den Kolben der Dampfmaschine.

Die Untersuchung im Unterricht

Solch größere Arbeiten wie die Untersuchung werden erst durchgeführt, wenn die Schüler die methodischen Arbeitsschritte der Ausarbeitung und der systematischen Gliederung von Material hinreichend geübt haben. Trotzdem werden die Untersuchungen dem Schüler ungewohnt sein, werden sie Schwierigkeiten mit dem Kausalitätsprinzip haben. Die Schüler müssen langsam an die neue Form gewöhnt werden.
Zunächst kommt es darauf an, ihnen Anregungen zu verschaffen. Zeitungsberichte über die Ermittlungsmethoden bei der Verbrechensaufklärung, Untersuchungsmethoden bei Flugzeug-, Bahn- und Schiffsunfällen, Rekonstruktionen von Tathergängen, Unfällen usw. bringen sie mit dem Problem

des Zusammenhangs von Grund und Folge und Wirkung und Ursache in Verbindung. Zum anderen gilt es, die verschiedenen Interessenlagen der Schüler herauszufinden. Gilt ihr Interesse mehr den politisch-historischen Fragen oder mehr den naturwissenschaftlichen, sind sie mehr für theoretische und argumentierende Forschungen, oder neigen sie mehr zu praktischen Operationen, haben sie eine Neigung zum Konstruktiven oder zum mehr Gestalterischen?
Die Vorteile dieser Arbeitsweisen liegen auf der Hand:

- intensive Beschäftigung mit einem Thema,
- mit einem Thema der eigenen Wahl,
- Notwendigkeit durchzuhalten, um an das Ende zu kommen,
- der Schüler hat einen klaren Leitfaden und Arbeitsperspektiven, kann den Arbeitsanfall übersehen und das Vorgehen sachlich und zeitlich einteilen,
- er lernt im Mittelteil selbstkritisch zu arbeiten, da er angehalten ist, auch solche Schritte festzuhalten, die ihn nicht weitergebracht haben,
- er gestaltet einen selbständigen Lernprozeß,
- er erfährt im Falle des Gelingens eine große Selbstbestätigung, die sich positiv auch auf andere Tätigkeitsbereiche auswirken kann.

Man kann davon ausgehen, daß die Schüler von dem Beginn der Jahrgangsstufe sieben ab in der Lage sind, entsprechende Aufgaben zu lösen. Doch sollte man nicht drängen, zwischen den Klassen gibt es beachtliche Unterschiede der Reife. In den beiden Jahren der Jahrgangsstufen 7 und 8 sollte der Schüler höchstens zwei solcher Arbeiten schreiben. Sie werden in ein DIN-A4-Heft geschrieben und aufbewahrt; eventuell werden in 9/10 solche Arbeiten weitergeführt.

3.4 Wir erfinden eine Geschichte

Strukturen des freien Erzählens

Zum Schluß sei noch auf einige Möglichkeiten des freien Erzählens hingewiesen, welche den Schülern der Klasse 7/8 angemessen sind. Die Erfahrung zeigt, daß Schüler mit ganz freien Erzählformen überfordert sind und nicht viel damit anzufangen wissen. Ganz anders sieht es aus, wenn ihnen ein Handlungskern vorgegeben wird, der dann zu einer Handlung ausgebaut werden muß. Eine solche Übungsform läßt den Schülern Raum, kreative Gedanken zu entfalten, gibt aber gleichzeitig auch so viel Anhaltspunkte, an denen sie sich orientieren können, daß eine sinnvolle Geschichte zu erwarten sein wird. Wir zeigen an einem Beispiel, wie sich aus einem Erzählkern eine richtiggehende Handlung entwickeln läßt:

Ein Schüler hat einem anderen eine Uhr gestohlen, von einem Dritten ist er beobachtet worden. Dieser erpreßt ihn, verlangt von ihm Schweigegeld. Die Zwangssituation, in welcher sich die beiden befinden, soll möglichst realistisch aufgelöst werden (freie Erfindung).

Um die Handlung zu strukturieren, läßt sich folgendes Schema verwenden:

(1) *Das Zerlegen der Handlung in Phasen*
Diebstahl (I)
Beobachtung durch einen Dritten (II)
Erpressung (III)
Erpressung (IV)
Erpressung (V)
Gewissensqualen (VI)
Angst vor Entdeckung und Schande (VII)
Auflösung mit Schrecken (VIII)
Auflösung durch eigene Initiative (IX)
Auflösung durch Eingreifen Dritter (X)
Wir tragen also zusammen, was sich bei dem Ablauf einer solchen kurz skizzierten Handlung alles ereignen *könnte*. Wir sehen für ein-

zelne Handlungsteile mehrere Phasen vor, zum Beispiel für den Vorgang der Erpressung, ihm haben wir drei Phasen zugeteilt, denn dadurch erhält er einen besonderen Stellenwert. Wir verschaffen uns auch erst einen Überblick über die Auflösungsmöglichkeiten und überlegen uns, für welche wir uns entscheiden wollen.

(2) *Erfinden von Orten, Stunden, Namen*

(I) Im Auskleideraum der Turnhalle des Kepler-Gymnasiums. Ist die Räumlichkeit geeignet, daß ein Dritter heimlich beobachten kann?
Am Nachmittag, beim Geräteturnen.
Der Dieb heißt Alex S., der Beobachter Georg M.

(II) wie (I)

(III) In der Hofpause des nächsten Tages geht Georg M. an Alex S. unauffällig vorbei und flüstert ihm zu, er wisse alles, er verlange für sein Schweigen Geld, Alex könne DM 100 in einem Briefumschlag unter den Wischer an der Windschutzscheibe des Wagens des Oberstudienrates Kortschakowski klemmen, und zwar zu Beginn der Großen Hofpause, bevor die anderen Schüler noch auf dem Platz erschienen seien.

(VI) Alex sitzt auf seinem Zimmer, allein, sein Gewissen drückt ihn. Es ist der Nachmittag desselben Tages. Sein Freund Egon P. ist bei ihm, er soll bei der Mathematik helfen, aber Alex ist so einsilbig und unwirsch, daß Egon wieder geht. Er, Egon, weiß nichts von den Sorgen von Alex.

(IV) Alex befolgt den Wunsch seines Peinigers, er steckt zu Beginn der Hofpause den Brief unter den Scheibenwischer an Kortschakowskis Wagen, aber er legt nur ein Stück weißes Papier hinein, er will wissen, was geschehen wird; er stellt sich hinter einen Baum und beobachtet. Er sieht, daß Georg M. schnell an das Auto herangeht, den Brief an sich nimmt, ihn öffnet und auf den Boden wirft und wütend darauf tritt. Er tritt hinter dem Baum hervor, geht auf Georg M. zu, aber der, nachdem auch er Alex bemerkt hat, geht, indem er ihm winkt zu folgen, auf das Haus zu und im Haus zur Direktion.

(VII) Alex geht hinter ihm her. Viele Gedanken schießen ihm durch den Kopf.

(IX) Vor der Türe zum Direktor bleibt er stehen und zwingt Georg M. dadurch, in die Direktion einzutreten. Georg M. erzählt alles, Alex S. wartet vor der Tür, bis er hineingerufen wird, und berichtet dann alles. Das hat Georg M. nicht erwartet.

Wir kommen also in dieser Version mit sechs Episoden aus. Natürlich könnten wir die Geschichte auch ganz anders gestalten. Der Erfindung sind keine Grenzen gesetzt.

(3) *Erfinden von Handlungsmotiven*

(Alex S.) ist ein ziemlich beliebter Junge. Er hat allerdings keine Eltern mehr und wohnt im Waisenhaus.
Er ist ein guter Sportler. Er ist Meister der Mittelstufe im 100-m-Lauf.
Schon lange wünscht er sich sehnlichst eine Stopp-Uhr. Er hat aber kein Geld, sich eine zu kaufen. Er braucht die Stopp-Uhr, weil er jeden Morgen trainiert und seine Verbesserungen kontrollieren will. Bei einem Schüler sieht er eine Armbanduhr, die eine Stopp-Uhr ist. Der Schüler besucht die Nebenklasse.

(Georg M.) Georg ist ein Junge, der von seinen Eltern sehr verwöhnt wird, der immer alles bekommt. Er ist aber trotzdem neidisch, weil er im Sport nicht gut ist. Er

ist beim Laufen dem Alex nicht im geringsten gewachsen.
Georg hat einfach eine Wut auf Alex, dem immer alles gelingt, obgleich er keine reichen Eltern hat.

(I) Alex S. vergißt sich in dem Augenblick, in dem er in dem Umkleideraum die Armband-Stopp-Uhr liegen sieht, die ein Schüler vergessen hat. Er nimmt sie in die Hand, schaut sie an, probiert sie aus, denkt, ich gehe mal auf den Hof – es ist ja Pause – und renne mal und stoppe mich, er steckt die Uhr in die Tasche und denkt sich in diesem Augenblick nichts dabei, ist sich nicht bewußt, daß die Uhr ihm ja nicht gehört, denn er will sie auch nachher wieder zurücklegen.
In diesem Augenblick aber steht Georg M. vor ihm. Er hat gesehen, daß Alex eine Uhr einsteckt, die ihm nicht gehört. Ohne etwas zu sagen, zieht er sich mit einem bösen Lächeln zurück.

Wir haben uns zu einer Handlung entschieden, in welcher im Grunde eine Jungen-Rivalität ausgetragen wird, der eine ist Opfer seines sportlichen Ehrgeizes, der andere seiner falschen und ihm schädlichen Mißgunst. Wir kommen also mit nur zwei Personen aus, die anderen sind nur am Rande zu erwähnen. Aber, es sei wiederholt, man kann die Handlung auch anders gestalten. Der Erfindung sind keine Grenzen gesetzt.

(4) *Raffen und Dehnen*

Wir haben nun eine Episodenfolge festzulegen. Wir wollen uns für dieses Mal mit der chronologischen begnügen. Demnach folgen unsere sechs Episoden in der folgenden Weise aufeinander und verändern entsprechend ihre Nummer:

(I) Diebstahl der Armbanduhr durch Alex (I)
(II) Beobachtung der Tat durch Georg M. (II)
(III) Georg M. erpreßt Alex S. in der Großen Hofpause (III)
(IV) Alex S. folgt den Anweisungen Georgs, aber mit einer Finte, die Georg bewegt, dem Direktor alles zu erzählen (IV)
(VI) Während Alex S. ihm folgt, entschließt er sich, alles zu gestehen (V)
(IX) Auflösung durch eigene Initiative (VI)

Auf der rechten Seite steht die Reihenfolge, in welcher wir die Geschichte erzählen wollen. Indessen ist zu fragen, da wir keinen vielseitigen Roman schreiben wollen, welche Episoden wir dehnen, ausgestalten, indem wir in Einzelheiten erzählen, welche wir aber raffen, indem wir in wenigen Sätzen zusammenfassen.
Man kann zum Beispiel die Episode (I) dehnen, indem man sie zunächst in einigen Sätzen darstellt und dann jeden Satz wieder in mehreren Sätzen erweitert, so daß die Episode des Diebstahls in allen Details geschildert wird; dagegen wird die Erpressungsepidode (III) kurz zusammengefaßt.
Zum Schluß noch zwei Handlungskerne, die sich zu Geschichten ausbauen lassen:

– Hans schließt mit Fritz eine Wette ab, er würde ohne jede Sicherung am Helm des Münsterturmes bis zur Sichel hinaufklettern. Beide gehen auf den Turm, Hans klettert in der Tat auf die Balustrade und an der Außenseite des Helmes empor. Er bleibt aber stecken und weiß nicht mehr weiter noch zurück. ...
– Fritz erkennt eine große Aufgabe: seinen Freund vom Stehlen abzubringen. Beide besuchen den Jahrmarkt. Sie treten vor einen fahrbaren Verkaufsstand: Ein omnibusgroßer Wagen läßt sich auf der einen Seite öffnen, indem man die Seitenwand herunterklappt und eine schräg nach oben zulaufende Verkaufsfläche freilegt. Auf der breiten Schräge werden Süßigkeiten feilgeboten. Fritzens Freund stiehlt, indem er mit der rechten Hand Süßigkeiten ein-

steckt, während er mit der linken Hand auf eine Ware auf der äußersten linken Seite hindeutet und sich nach dem Preis erkundigt und dadurch den Verkäufer ablenkt, der ja nach links unten hinschauen muß. So bemerkt er den dreisten und unverfrorenen Diebstahl nicht. ...

Am besten führt man einmal exemplarisch mit der ganzen Klasse die einzelnen Techniken durch, wie sich ein solcher Handlungskern entwickeln und der Handlungsverlauf sich strukturieren läßt. Dann können die Schüler auch gruppenweise ähnliche Textvorgaben behandeln. Wichtig ist, daß die Schüler erkennen, welche Strategien und welche Techniken bei dieser Art des Erzählens angewandt werden können. Speziell schwächere, nicht sehr kreative, wenig flexible Schüler werden solche Hilfen brauchen.